일 러 두 기

　천자문(千字文)은 옛 중국과 우리 조상들의 한문 초학자(初學者)를 위한 교과서 겸 습자교본으로, 중국 양(梁)나라의 주흥사(周興嗣)가 무제(武帝)의 명에 따라 지은 책이다. 사언고시(四言古詩) 250구 1000자로 되었는데, 각기 비슷한 내용에 따라 체계적으로 나누어져 있고, 8자 2구(八字二句)를 한 내용으로 묶을 수가 있다.

　자연현상에서 인륜도덕에 이르기까지 광범위한 내용을 담고 있는 것으로 천지현황 우주홍황(天地玄黃 宇宙洪荒 : 하늘은 검고 땅은 누르며, 우주는 크고 넓다)으로 시작하여 위어조자 언재호야(謂語助者 焉哉乎也 : 어조사는 언재호야이다)로 끝맺는다. 이 천자문을 주흥사가 단 하룻밤에 저술하고 그 편철까지 마치고 보니 아침이 되어 그의 머리가 백발이 되었다 하여 일명 백수문(白首文)이라고 후대에 전해 오고 있다.

　중복된 글자가 없으며, 초보자의 한자학습으로 기본적인 한자를 모아 읽기 좋은 문장으로 만들었다. 초보한자 학습서로는 한(漢)나라 사유(史游)가 지은 급취편(急就篇) 등이 이미 있었지만, 천자문은 구절구절이 곧 명시이며 인생의 심오한 철학·진리·역사가 함축되어 있어 6세기부터 20세기 초에 이르기까지 한자의 교과서나 습자교본으로 널리 쓰였다.

　한국에 천자문이 전해진 시기는 확실하지 않으나 백제 때 왕인(王仁)이 논어와 함께 일본에 전했다는 기록이 있는 것으로 보아 그 이전에 들어와 널리 숙독된 것으로 보인다. 한국에서 널리 알려진 천자문은 조선시대 선조 때의 명필인 한호의 석봉천자문이다. 여기 보인 천자문은 학습의 편의를 위하여 현재 쓰이는 한자를 펜글씨로 익히도록 한 것이다.

　이 책은 다음과 같은 점에 중점을 두어 엮었다.

1. 천자문을 한 페이지에 8자 2구로 묶었으며, 각 한자들의 음훈·부수·획수·필순 등을 정확히 밝혀 보다 효과적이고 체계적인 한자학습이 되도록 하였다.

2. 천자문의 해설에 있어서는 글자만의 직역보다는 4자성구(四字成句)에 들어 있는 깊은 뜻이나 이야기의 배경을 살려가며 전체의 뜻을 파악할 수 있도록 의역을 하였다.

3. 천자문 쓰기의 하단에는 주요 한자 숙어 및 고사성어를 수록하여 우리 현대인들의 생활에 교훈이 되도록 하였다.

4. 부수로 배워 보는 한자편에서는 그 형성과정을 통하여 한자를 보다 쉽고 흥미롭게 이해할 수 있도록 하였다.

5. 약자와 속자, 우리 나라의 지명·성씨, 일상생활에 자주 쓰이는 서식 등을 열거하여 한자의 응용학습에 완벽을 기하도록 하였다.

6. 또한 교육부 선정 1800 한자를 실어 한자의 기초적인 학습은 물론 간단한 글자는 언제든지 손쉽게 찾을 수 있도록 하였다.

한자의 외형과 결구(結構)

國	目	四	土	丁	足
寸	戶	赤	士	子	夕
工	十	昌	品	吹	如

♣ 결구란 글자의 구성을 말한다. 한자의 결구에는 다음과 같은 구성 원칙이 있다.

○변과 몸의 크기가 같게 한다.	○머리가 작고 발을 크게 한다.	○획의 간격을 대강 같게 한다.
祈　取	忠　思	則　川
○변을 작게 한다.	○변보다 몸이 약간 내려가게 한다.	○사선획이 중복되는 글자는 방향에 변화를 준다.
忙　沿	郡　師	多　勿
○몸을 작게 한다.	○변을 작게 한다.	○획과 획의 간격을 알맞게 한다.
割　判	時　吐	水　番
○세로를 3등분이 되게 한다.	○몸을 작게 한다.	○가로획의 오른쪽을 약간 올린다.
鄕　衝	知　和	九　也
○가로를 2등분이 되게 한다.	○아래·위 선이 젖혀지도록 변화시킨다.	○갈고리나 파임이 되풀이되는 글자는 그중 하나를 변화시킨다.
盟　恣	五　王	林　炎
○머리가 크고 발을 작게 한다.	○좌우가 대칭된 글자는 중심을 잡아 균형을 유지한다.	○위를 평평하게, 또는 아래를 평평하게 한다.
皆　習	畫　事	明　記

한자의 일반적인 필순

○ 왼쪽에서 오른쪽으로 쓴다.
  川 → ノ 川 川
  休 → ノ 亻 仁 什 休 休
  外 → ノ ク タ 夘 外

○ 위에서 아래로 쓴다.
  三 → 一 二 三
  工 → 一 丁 工
  客 → 宀 宀 宀 安 安 客 客

○ 가로획과 세로획이 겹칠 때에는 가로획을 먼저 쓴다.
  木 → 一 十 才 木
  共 → 一 十 卄 共 共 共
  吉 → 一 十 士 吉 吉 吉

○ 삐침과 파임이 만날 때에는 삐침을 먼저 쓴다.
  人 → ノ 人
  文 → 、 一 ナ 文
  交 → 、 一 亠 六 亣 交

○ 좌우가 대칭될 때에는 가운데를 먼저 쓴다.
  小 → ノ 小 小
  水 → ノ 丬 才 水
  光 → ノ 丨 ⺌ 业 半 光

○ 둘러싼 모양으로 된 자는 바깥쪽을 먼저 쓴다.
  同 → 丨 冂 冂 同 同 同
  問 → 丨 尸 尸 尸 門 門 問
  固 → 丨 冂 冂 門 問 周 固

○ 글자 전체를 꿰뚫는 획은 나중에 쓴다.
  中 → 丶 口 口 中
  事 → 一 亠 亖 亖 亘 亘 事
  母 → ㄴ ㄣ ㄣ 母 母

○ 오른쪽 위에 점 있는 글자는 그 점을 나중에 찍는다.
  犬 → 一 ナ 大 犬
  伐 → 亻 亻 代 伐 伐
  成 → ノ 厂 万 成 成 成

○ 책받침(遠·建)은 나중에 쓴다.
  遠 → 土 吉 吉 吉 袁 袁 遠
  建 → フ ヨ ヨ 글 聿 津 建
  庭 → 广 广 庐 庐 庐 庭 庭

○ 받침 중에서도 '走·是' 등을 먼저 쓴다.
  起 → 土 キ 丰 走 走 起 起
  題 → 日 早 是 是 題 題 題

※ 위의 예로 든 필순은 기본 필순을 따랐으나, 달리 쓰이는 경우도 있을 수 있다.

▶필순이 틀리기 쉬운 한자

  左 → 一 ナ 左 左 左
  右 → ノ ナ 右 右 右
  在 → 一 ナ 才 才 存 在
  有 → ノ ナ 才 有 有 有
  布 → ノ ナ 才 右 布
  山 → 丨 山 山
  牛 → ノ 亠 仁 牛
  兩 → 一 丆 丙 兩 兩 兩
  承 → フ 了 了 孑 承 承 承
  九 → ノ 九
  世 → 一 十 卄 世 世
  必 → 、 ソ 必 必 必
  臣 → 丨 厂 厂 臣 臣 臣 臣

3

한자의 기본 점과 획

丶	꼭지점			字	丶	치킴			凍
ノ	왼점			小	乀	파임			八
ヽ	오른점			六	乀	받침			進
ヽ	치킨점			心	丿	지게다리			式
一	가로긋기			王	し	굽은갈고리			手
丨	내리긋기			川	ㄴ	새가슴			兄
丿 丨	왼갈고리			水	乚	누운지게다리			心
丿 丨	오른갈고리			民	乙	새을			乙
一	평갈고리			疋	ㄟ	봉날개			風
ㄱ 丁	오른꺾음			日	ㄱ	좌우꺾음			弓
ㄴ	왼꺾음			亡					
𠃌 ㄱ	꺾음갈고리			力					
ㄱ	꺾어삐침			又					
ノ	삐침			九					

【영자 팔법】

②가로획 ─ ①점
⑤치킴 ─── 永 ─── ⑦짧은삐침
⑥삐침 ─── ⑧파임
④갈고리 ③세로획

○영자 팔법(永字八法) : '永'자 한 자를 쓰는 데, 모든 한자에 공통하는 여덟 가지 운필법(運筆法)이 들어 있음을 말한다.

天 地 玄 黃

하늘 천 大—1획	땅 지 土—3획	검을 현 玄—0획	누를 황 黃—0획
一二于天	一十土切地地	一亠玄玄	一廿廿莊苗黃黃

해설
하늘은 아득히 멀어 그 빛이 검고 땅은 넓어 그 빛이 누렇다. 여기서 황(黃)은 황하, 황해 등 중국의 국토를 나타낸다.

天	天	天					
地	地	地					
玄	玄	玄					
黃	黃	黃					

宇 宙 洪 荒

집 우 宀—3획	집 주 宀—5획	넓을 홍 水—6획	거칠 황 艸—6획
丶丶宀宁宇	丶丶宀宁宙宙	氵汁洪洪洪洪	艹艹艹荒荒荒

해설
하늘과 땅 사이는 크고 넓어서 끝이 없다. 우주(宇宙)란 하늘과 땅 사이를 말하며, 홍황(洪荒)이란 크고 너르다는 뜻이다.

宇	宇	宇					
宙	宙	宙					
洪	洪	洪					
荒	荒	荒					

주요 한자 숙어 및 고사성어

[ㄱ]

街談巷說(가담항설) : 길거리나 사람들 사이에 떠도는 소문.

苛斂誅求(가렴주구) : 가혹하게 세금을 거두어들이고, 백성을 문책하여 무리하게 재물을 빼앗음.

刻骨銘心(각골명심) : 마음 속에 깊이 새겨서 잊지 아니함.

일월영측 · 진수열장

日月盈昃

해는 서쪽으로 기울고 달도 차면 기울어진다. 즉 우주의 진리를 말한다.

날 일 日-0획	달 월 月-0획	찰 영 皿-4획	기울 측 日-4획
丨冂日日	丿几月月	丿乃及及盈盈盈	丨冂日旦尸尽昃

日	日	日					
月	月	月					
盈	盈	盈					
昃	昃	昃					

辰宿列張

별들은 각각 제자리가 있어 하늘에 넓게 퍼져 있다. 진(辰)은 12궁, 수(宿)는 28수를 말하며, 모두 하늘의 별자리를 일컫는다.

별 진 辰-0획	잘숙/별수 宀-8획	벌릴 렬 刀-4획	베풀 장 弓-8획
一厂厂斤辰辰辰	宀宁宁宇宿宿宿	一ア歹歹列列	弓弓引张張張

辰	辰	辰					
宿	宿	宿					
列	列	列					
張	張	張					

刻骨痛恨(각골통한) : 뼈에 사무치게 맺힌 원한.
角者無齒(각자무치) : 뿔이 있는 자는 이가 없다는 뜻으로, 한 사람이 모든 복을 누리지 못함을 이름.
刻舟求劍(각주구검) : 사람이 어리석어 융통성이 없고 세상 일에 어두움을 비유한 말.
艱難辛苦(간난신고) : 몹시 힘이 들고 쓰라린 고생을 함. 갖은 고초를 다 겪음.
肝膽相照(간담상조) : 간과 쓸개를 서로 보인다는 말로, 서로 진심을 터놓고 사귐.

寒來暑往

해설) 추위가 오면 더위가 물러간다. 춘하추동 사계절이 일정하게 돌고 도는 것, 즉 자연의 법칙을 말한다.

찰 한 宀—9획	올 래 人—6획	더울 서 日—9획	갈 왕 彳—5획
宀宁宙宔寒寒寒	一厂厂厄來來	丶口日早晃暑暑	丿彳彳彳彳往往

秋收冬藏

해설) 가을에는 곡식을 거두고 겨울이 되면 추수한 곡식을 창고에 저장한다.

가을 추 禾—4획	거둘 수 攵—2획	겨울 동 冫—3획	간직할 장 艹—14획
二千禾禾利秋秋	丨丨丩屮收收	丿夂久冬冬	艹艹艹茬茬藏藏

感慨無量(감개무량) : 사물에 대한 회포의 느낌이 한이 없음.

敢不生心(감불생심) : 감히 생각지도 못함.

甘言利說(감언이설) : 남의 비위를 맞추기 위해 꾸민 달콤한 말과 이로운 조건을 내세워 그럴듯하게 꾀는 말.

甘吞苦吐(감탄고토) : 달면 삼키고 쓰면 뱉는다는 뜻으로, 곧 사리의 옳고 그름을 돌보지 않고 자기의 비위에 맞으면 좋아하고 맞지 아니하면 싫어한다는 말.

閏餘成歲

해설) 일년의 남은 시간을 모아 4년마다 한 차례씩 윤달을 두어 윤년(閏年)을 정하였다.

윤달 윤 門—4획	남을 여 食—7획	이룰 성 戈—3획	해 세 止—9획
丨丨丨門門門閏閏	人亼食食食食餘	丨厂厂成成成	止止止岸歲歲歲

律呂調陽

해설) 여섯 개의 율(律)과 여(呂)로 천지간의 양기를 조절하니, 여기서 율은 양이요 여는 음을 나타낸다.

법 률 彳—6획	음률 려 口—4획	고를 조 言—8획	볕 양 阜—9획
彳彳彳律律律律	丨口口吕呂呂	言訓訓調調調調	丨丨門門陽陽

甲男乙女(갑남을녀) : 갑이라는 여자와 을이라는 남자. 즉 신분이나 이름을 특별히 지적할 정도가 못되거나 누구인지 알 수 없는 그저 평범한 보통 사람을 이르는 말.

康衢煙月(강구연월) : 큰 길거리에 보이는 평안한 풍경. 즉 태평성대를 이르는 말.

去頭截尾(거두절미) : 머리와 꼬리를 잘라 버림. 즉 앞뒤의 잔 사설은 빼고 요점만 말함.

居安思危(거안사위) : 편안할 때에도 앞으로 닥칠지 모를 위태로움을 생각하며 대비함.

雲騰致雨

해설) 수증기가 하늘로 올라가서 구름이 되고 찬 기운과 만나 엉기면 비가 되어 내린다. 즉 자연의 기상을 말한다.

구름 운 雨—4획	오를 등 馬—10획	이를 치 至—3획	비 우 雨—0획
一厂乕垂垂雲雲	月𦙾𦙾騰騰騰	一云至致致致	一冂币币雨雨

露結爲霜

해설) 이슬이 맺혀 공기 중의 찬 기운에 닿으면 얼어서 서리가 된다.

이슬 로 雨—12획	맺을 결 糸—6획	할 위 爪—8획	서리 상 雨—9획
一厂乕雨雲霎露	乙幺糸糸糽結	一爫户户爲爲	一厂乕雲雷霜霜

去者日疏(거자일소) : 서로 멀리 떨어져 있으면 점점 사이가 멀어짐. 죽은 사람 또는 멀리 있는 사람은 날이 갈수록 잊어버리게 된다는 말.

車載斗量(거재두량) : 수레에 싣고 말로 된다는 뜻으로, 물건이 매우 많음을 이름.

乾坤一擲(건곤일척) : 하늘과 땅을 한번에 내던짐. 즉 운명을 하늘에 맡기고 단판에 승부를 겨루는 것.

乾燥無味(건조무미) : 아무런 운치가 없음. 무미건조함.

金生麗水

| 쇠 금 金—0획 | 날 생 生—0획 | 고울 려 鹿—8획 | 물 수 水—0획 |

ノ 人 へ 全 全 余 金 金 　　ノ ᅩ ㅏ 牛 生 　　丽 严 严 严 麗 麗 麗 　　亅 刁 才 水

해설) 금은 여수에서 난다. 옛날 중국의 형남 지방 여수에서 금이 많이 나와 이런 말이 생겼다.

玉出崑岡

| 구슬 옥 玉—0획 | 날 출 凵—3획 | 메 곤 山—8획 | 메 강 山—5획 |

一 二 千 王 玉 　　亅 屮 屮 出 出 　　崑 崑 崑 崑 崑 崑 　　冂 冂 冂 冂 冈 岡 岡

해설) 옥은 곤륜산(崑崙山)에서 난다. 곤륜산은 중국 강소성(江蘇省)에 있는 산으로 여기서 옥이 많이 나왔다 하여 이런 말이 생겼다.

乞兒得錦(걸아득금) : 거지가 비단을 얻음. 즉 제 분수에 맞지 않게 생긴 일을 몹시 자랑한다는 뜻.

格物致知(격물치지) : 사물의 이치를 연구하여 지식을 확실하게 하고 넓힘.

隔世之感(격세지감) : 전과 비교하여 세상이 몹시 달라진 느낌.

牽强附會(견강부회) : 이치에도 맞지 않는 말을 억지로 끌어붙여 자기의 주장이나 조건에 맞도록 함.

검호거궐 · 주칭야광

해설) 거궐은 칼 이름으로 구야자가 만든 옛날 중국의 명검(名劍)이다.

劍	號	巨	闕
칼 검 刀―13획	이름 호 虍―7획	클 거 工―2획	집 궐 門―10획
人 人 스 亼 合 슴 슯 僉 劍 劍	乊 号 号 號 號 號 號 號	一 丆 戶 戶 巨	門 門 門 閂 閃 閂 闕 闕

劍	劍	劍				
號	號	號				
巨	巨	巨				
闕	闕	闕				

해설) 구슬은 중국 조나라의 유명한 야광을 보물로 치는데, 앞의 문장과 함께 중국의 보물을 가리킨다.

珠	稱	夜	光
구슬 주 玉―6획	일컬을 칭 禾―9획	밤 야 夕―5획	빛 광 儿―4획
二 王 王 尹 珍 珠 珠	二 千 禾 秆 稱 稱 稱 稱	一 亠 广 才 夜 夜 夜	丨 丬 业 꾸 光

珠	珠	珠				
稱	稱	稱				
夜	夜	夜				
光	光	光				

犬馬之勞(견마지로) : ① 자기의 노력을 낮추어 하는 말. ② 임금이나 나라에 충성을 다하는 노력을 일컬음.

見蚊拔劍(견문발검) : 모기를 보고 칼을 뺀다는 뜻으로, 보잘것없는 하찮은 일에 너무 거창하게 덤빈다는 말.

見物生心(견물생심) : 물건을 보면 욕심이 생긴다는 말.

堅如金石(견여금석) : 서로 맺은 맹세가 금석과 같이 굳음을 뜻함.

과진이내 · 채중개강

果 珍 李 柰

과실 과 木—4획	보배 진 玉—5획	오얏 리 木—3획	벗 내 木—5획
一口日旦早果果	一=F王玙珍	一十才木李李	十木本杰李柰

해설) 열매 과일로는 오얏과 벗을 가장 보배로운 것으로 친다. 오얏은 자두를 가리키며, 벗은 앵도과의 일종이다.

菜 重 芥 薑

나물 채 艹—8획	중요할 중 里—2획	겨자 개 艹—4획	생강 강 艹—13획
艹艹艹莁菜	一宀音重重重	一艹艻芥芥	艹苎苣菖薑薑

해설) 채소 중에서는 겨자와 생강이 으뜸이다. 맛이 매운 겨자와 생강이 식욕을 돋구므로 중국에서는 요긴한 조미료로 여겼다.

見危授命(견위수명) : 나라가 위태로울 때 제 목숨을 나라에 바침. 즉 나라의 위태로움을 보면 목숨을 아끼지 않고 나라를 위하여 싸움.

堅忍不拔(견인불발) : 굳게 참고 견디어 마음을 빼앗기지 아니함.

結者解之(결자해지) : 묶은 사람이 풀어야 한다는 뜻으로, 자기가 저지른 일은 자기가 해결을 해야 한다는 뜻.

結草報恩(결초보은) : 죽어서도 은혜를 잊지 않고 갚는다는 뜻.

海鹹河淡

해설) 바닷물은 짜나 민물은 담백하고 맑다. 물은 소금기를 포함한 바닷물과 맛이 담백한 민물로 나뉜다.

바다 해 水—7획	짤 함 鹵—9획	물 하 水—5획	맑을 담 水—8획
氵汀洰海海海海	𠂉𠂉鹵鹵鹹鹹鹹	氵氵汀江河河	氵氵汁沙沙淡淡

鱗潛羽翔

해설) 비늘 있는 물고기는 물에 잠기고 날개 있는 새는 하늘을 난다.

비늘 린 魚—12획	잠길 잠 水—12획	깃 우 羽—0획	날개 상 羽—6획
凢魚魚鮮鮮鱗鱗	氵汀沪潛潛潛	丁丁习习羽羽	𠂉兰羊羽羽羽翔

兼人之勇(겸인지용) : 혼자서도 몇 사람을 당해 낼 만한 용기.

輕擧妄動(경거망동) : 경솔하게 함부로 행동함.

經國濟世(경국제세) : 나라를 잘 다스려 도탄에 빠진 백성을 구제함.

傾國之色(경국지색) : 임금이 홀딱 반하여 나라가 뒤집혀도 모를 만한 미인이라는 뜻.

耕當問奴(경당문노) : 농사짓는 일은 머슴에게 물어야 한다는 뜻으로, 모르는 일은 그 방면의 전문가에게 묻는 것이 옳다는 말.

龍師火帝

용 룡 龍—0획	스승 사 巾—7획	불 화 火—0횤	임금 제 巾—6획

해설) 중국 고대의 제왕인 복희씨(伏羲氏)는 용으로 벼슬이름을, 신농씨(神農氏)는 불로 벼슬이름을 기록하였다.

鳥官人皇

새 조 鳥—0획	벼슬 관 宀—5획	사람 인 人—0획	임금 황 白—4획

해설) 소호씨(少昊氏)는 새로써 벼슬을 기록하였고, 태고 때의 인황 등 9형제의 임금은 천하를 9주(九州)로 나누어 잘 다스렸다.

耕山釣水(경산조수) : 산에 가서 밭을 갈고 물에 가서 낚시질을 한다는 뜻. 즉 한가로운 생활을 이름.

敬而遠之(경이원지) : 겉으로는 공경하는 체하면서 속으로는 멸시함.

經天緯地(경천위지) : 온 천하를 경륜하여 다스림.

鷄卵有骨(계란유골) : 계란에도 뼈가 있음. 즉 늘 일이 잘 안되는 사람은 모처럼 좋은 기회를 만나도 역시 잘 안됨을 비유한 말.

始制文字

처음 시 女—5획	지을 제 刀—6획	글월 문 文—0획	글자 자 子—3획
ㄑ 幺 女 如 始 始	ノ 亠 느 ヶ 午 乍 制 制	ヽ 亠 ナ 文	ㆍ ㆍ ㅗ ㆳ 宁 字

해설) 상고 시대에는 글자가 없어 노끈으로 뜻을 나타냈는데, 복희씨 때 창힐은 새의 발자국을 보고 글자를 처음 만들었다.

시제문자 · 내복의상

乃服衣裳

이에 내 丿—1획	옷 복 月—4획	옷 의 衣—0획	치마 상 衣—8획
ノ 乃	丿 刀 月 月' 朋 服 服	ㆍ 亠 ナ 衣 衣 衣	ㆍ ㆍ 沊 当 学 学 裳

해설) 또한 이때에는 옷이 없어 짐승의 가죽으로 몸을 가렸는데, 황제(黃帝) 때 비로소 호조로 하여금 옷을 지어 입도록 하였다.

呱呱之聲(고고지성) : ① 아기가 세상에 나오면서 처음 우는 소리. ② 젖먹이의 우는 울음.

股肱之臣(고굉지신) : 자신의 팔다리같이 중하게 여기는 믿음직스러운 신하.

膏粱珍味(고량진미) : 기름진 고기와 좋은 곡식으로 만든 맛있는 음식.

孤立無依(고립무의) : 외롭고 의지할 데가 없음.

枯木生花(고목생화) : 말라 죽은 나무에서 꽃이 피듯이 곤궁한 사람이 잘된 것을 이를 때 쓰는 말.

부수로 배워보는 한자 1

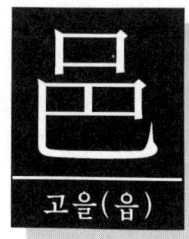

갑골문 전문

풀이 口+卩. 卩(절)은 편안히 앉아 쉬는 사람의 모양을 나타낸 글자이다. 口(구)는 일정한 장소를 가리킨다. 그리하여 사람들이 편안히 삶을 누리는 곳, 즉 '마을, 고을'의 뜻이 되었다. 邑이 부수로 쓰이면 마을이나 고을과 관련된 뜻을 갖게 되는데, 오른쪽에 쓰여 우부방이라 이른다.

[邸] 氐+阝
집(저)
阝(우부방)이 뜻을, 氐(저)는 음을 나타낸다. 氐는 '충당하다'란 뜻인데, 천자가 있는 서울에 제후가 와서 머무는 곳으로 '충당하는 집'이라는 말이다. *저택(邸宅).

[郊] 交+阝
성밖(교)
交는 炆와 통하는데, 炆는 엇걸어놓은 나무에 불을 붙여 하늘에 지내는 제사를 가리켰다. 이때 제사를 지내는 장소가 주로 도시의 변두리였으므로, 변두리나 서울 외곽을 가리키게 되었다. *교외(郊外).

＊갑골문(甲骨文)은 거북딱지나 짐승의 뼈에 새긴 중국 고대의 상형문자이며, 전문(篆文) 역시 중국 고대의 문자로서 주나라 때의 태사인 주가 만들었다고 한다. 이들은 중국 글자를 만든 원형을 밝히는 데 중요한 서체이다.

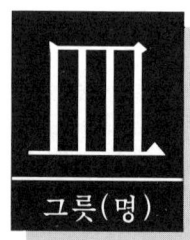

갑골문 전문

풀이 음식을 담는 접시를 본떠 만든 글자이다. 부수로 쓰일 때는 皿을 뜻부분으로 하여 여러 종류의 그릇이나 접시에 담는 일에 관한 것을 나타낸다.

[盈] 皿+乃+又
찰(영)
乃(내)는 펴진 활을, 又(우)는 손을 본뜬 것이다. 덜 펴진 활을 잡아당기듯이 그릇(皿) 위에 음식을 담는다는 말이다. *영월(盈月).

[盜] 次+皿
훔칠(도)
次(연)은 부러운 듯이 침을 흘린다는 뜻이다. 그릇 속에 담긴 음식을 침을 흘리며 갖고 싶어하다 급기야 훔치게 된다는 뜻이다. *도벽(盜癖).

[盤] 般+皿
쟁반(반)
般(반)은 커다란 배를 가리킨다. 커다란 배처럼 큰 쟁반을 말한다. *반석(盤石).

推位讓國

推	位	讓	國
밀 추 手—8획	자리 위 人—5획	사양할 양 言—17획	나라 국 囗—8획
一十才扩扩拌拌推	丿亻亻亻亻位位位	言言言語譚譚譲	冂冋冋國國國國

해설) 요(堯)와 순(舜)은 지혜로운 임금으로, 초야에 묻혀 있는 인재를 발탁하여 세습을 버리고 왕위를 물려 주었다.

有虞陶唐

有	虞	陶	唐
있을 유 月—2획	나라 우 虍—7획	질그릇 도 阜—8획	당나라 당 口—7획
丿ナオ有有有	一广庐庐唐虞虞	丨阝阡阣陶陶陶	一广广庐庐唐唐

해설) 이들은 우에서 살던 순 임금을 유우(有虞), 도와 당에서 살던 요 임금을 도당(陶唐)이라 불렀다.

鼓盆之痛(고분지통) : 아내가 죽은 설움.

孤城落日(고성낙일) : 도움이 없이 고립된 정상. 또는 여명(餘命)이 얼마 남지 않은 쓸쓸한 심경을 비유하는 말.

苦盡甘來(고진감래) : 쓴 것이 다하고 단 것이 옴. 즉 고생 끝에 그 보람으로 즐거움이 온다는 말.

骨肉相爭(골육상쟁) : 가까운 혈족끼리 서로 싸우거나 같은 민족끼리 해치며 싸우는 일. 骨肉相殘(골육상잔).

조민벌죄 · 주발은탕

弔民伐罪

| 조상할 조 | 弓—1획 | 백성 민 | 氏—1획 | 칠 벌 | 人—4획 | 허물 죄 | 罒—8획 |

フヨ弔　フコ尸民民　亻仁代伐伐　罒罒罒罪罪罪

해설) 불쌍한 백성을 구출하여 위로해 주고 죄지은 임금을 벌하였다는 중국 고사에서 비롯된 말이다.

周發殷湯

| 나라 주 | 口—5획 | 필 발 | 癶—7획 | 나라 은 | 殳—6획 | 끓을 탕 | 水—9획 |

冂冂冃用周周周　ノクがが發發發　亻仁户身殷殷　氵沪沪沪湯湯湯

해설) 포악한 임금인 은나라의 주왕(紂王)을 주나라의 발왕(發王)이, 하나라의 걸왕(桀王)을 은나라의 탕왕(湯王)이 각각 물리쳤다.

空中樓閣(공중누각) : ① 공중에 세운 누각. ② 공상의 이론이나 문장. 沙上樓閣(사상누각).

管中之天(관중지천) : 대롱의 구멍으로 하늘을 본다는 말로, 소견이 좁음을 이름.

管鮑之交(관포지교) : 옛날 중국의 관중(管仲)과 포숙(鮑叔)처럼 친구 사이가 다정하고 허물없음을 이름.

刮目相對(괄목상대) : 눈을 비비고 다시 본다는 말로, 다른 사람의 학문이나 덕행이 크게 진보한 것을 말함.

坐朝問道

해설) 나라를 바로잡은 다음, 어진 임금은 조정에 앉아 백성을 다스리는 올바른 길을 덕망 있는 신하에게 묻기도 한다.

앉을 좌	土-4획	조정 조	月-8획	물을 문	口-8획	길 도	辶-9획
ノ 人 亻 坐 坐 坐 坐		十 古 吉 車 車 朝 朝		丨 冂 冂 冂 門 門 問		丷 丷 丷 首 首 首 道	

垂拱平章

해설) 임금이 바른 정치를 펴서(平章) 나라가 평온해지면 백성은 여유가 생겨 비단옷을 드리우고 팔짱을 끼고 다닌다.

드리울 수	土-5획	팔짱낄 공	手-6획	고를 평	干-2획	글 장	立-6획
二 二 千 千 垂 垂 垂		十 扌 扌 拃 拱 拱		一 二 二 卞 平		丷 丷 立 产 音 音 童 章	

膠柱鼓瑟(교주고슬) : 비파나 거문고의 기둥을 아교풀로 교착시키면 한 가지 소리밖에 나지 않는 것처럼 고지식하여 융통성이 전혀 없음을 비유하는 말.

交淺言深(교천언심) : 사귄 지 얼마 안되는 사람에게 자기 속을 털어 이야기하듯 어리석다는 뜻.

敎學相長(교학상장) : 남을 가르치거나 남에게 배우는 것이나 모두 나의 학업을 증진시킨다는 뜻.

해설
임금은 백성을 사랑으로 다스리고 보살펴야 한다. 여수는 벼슬이 없어 건(巾)을 쓰지 않은 검은 머리인 일반 백성을 말한다.

해설
이렇듯 임금이 백성을 잘 다스리니 변방의 오랑캐들까지도 그 덕에 감화되어 신하로서 복종한다.

九曲肝腸(구곡간장) : 굽이굽이 서린 창자란 뜻으로, 시름이 쌓인 마음 속의 비유.

舊官名官(구관명관) : 무슨 일에든 경험이 필요함을 나타내는 말.

狗尾續貂(구미속초) : 담비의 꼬리가 모자라 개 꼬리로 잇는다는 뜻으로, 훌륭한 것에 하찮은 것이 뒤를 잇는다는 말. 또는 벼슬을 함부로 주는 것을 이르는 말.

口蜜腹劍(구밀복검) : 겉으로는 친절한 듯하나 내심으로는 해칠 생각을 품고 있음.

하이일체 · 솔빈귀왕

해설) 어진 임금 아래에서는 먼 나라나 가까운 나라나 그 덕에 감화되어 일체가 된다.

遐	邇	壹	體
멀 하 辵—9획	가까울 이 辵—14획	한 일 士—9획	몸 체 骨—13획

해설) 온 나라가 따르고 복종하여 어진 임금에게로 돌아온다. 즉 성군(聖君)의 덕화(德化)가 널리 미쳐감을 뜻한다.

率	賓	歸	王
거느릴 솔 玄—6획	손님 빈 貝—7획	돌아갈 귀 止—14획	임금 왕 王—0획

求福不回(구복불회) : 복을 구하는 데에 도리에 어긋나는 짓을 하지 아니함.

九死一生(구사일생) : 아홉 번 죽고 한 번 삶. 즉 여러 번의 죽을 고비를 넘기고 간신히 목숨을 건짐.

口尙乳臭(구상유취) : 입에서는 아직도 젖내가 남. 즉 상대가 어리고 말과 행동이 유치함을 이르는 말.

九世同居(구세동거) : 구대(九代)가 한 집안에서 산다는 뜻으로, 집안이 화목함을 이르는 말.

명봉재수 · 백구식장

鳴鳳在樹

울 명 鳥—3획	봉황 봉 鳥—3획	있을 재 土—3획	나무 수 木—12획
ㅁ ㅁ' 마 며 唣 唣 鳴 鳴	) 几 凡 凤 鳯 鳳 鳳	一 ナ 才 在 在 在	木 才 朴 桔 桔 樹 樹

해설) 봉황은 상서로운 새로, 명군성현(名君聖賢)이 나타나면 그 덕망이 미치는 곳마다 봉황이 운다는 옛말이 있다.

白駒食場

흰 백 白—0획	망아지 구 馬—5획	먹을 식 食—0획	마당 장 土—9획
' 亻 白 白 白	厂 F F 馬 馬 駒 駒	入 人 今 今 今 食 食	土 圫 圫 坦 坦 場 場

해설) 인재가 임금과 국사를 논할 때 그가 타고 온 흰 망아지는 마당에서 풀을 뜯고 있다는 말로, 평화로운 정경을 나타낸다.

九十春光(구십춘광) : ① 노인의 마음이 청년같이 젊음을 비유한 말. ② 봄의 석 달 구십 일 동안.

舊雨新雨(구우신우) : 구우(舊友)와 신우(新友). 오래 사귄 친구와 새로 사귄 친구.

九牛一毛(구우일모) : 아홉 마리 소에 한 가닥의 털. 즉 많은 것 가운데 극히 적은 것.

求田問舍(구전문사) : 논밭과 집을 사려고 묻는다는 뜻으로, 자신의 이익에만 마음을 쓰고 나라의 큰일에는 무관심함을 이름.

化被草木

될 화 匕—2획	입을 피 衣—5획	풀 초 艸—6획	나무 목 木—0획
ノイ化化	衤衤衤衤衤衤被被	艹艹节节苩苩草草	一十才木

해설) 어진 임금의 덕화는 사람뿐만 아니라 풀 한 포기 나무 한 그루에까지도 고루 미친다.

화피초목 · 뇌급만방

賴及萬方

힘입을 뢰 貝—9획	미칠 급 又—2획	여럿 만 艸—9획	모 방 方—0획
一中束束颗頼頼	ノアア及	艹艹节苩萬萬萬	丶亠方方

해설) 어진 임금은 덕을 널리 베풀어 그 혜택이 만방에까지 골고루 미치도록 해야 한다.

九折羊腸(구절양장) : 산길 따위가 양의 창자처럼 꼬불꼬불하여 험함. 즉 세상이 복잡하여 살아가기 어렵다는 말.

群策群力(군책군력) : 여러 사람이 지혜와 힘을 합함.

權謀術數(권모술수) : 목적의 달성을 위해서는 수단과 방법을 가리지 않고 때와 형편에 따라 둘러 맞추는 모략이나 술책.

權不十年(권불십년) : 아무리 높은 권세라도 십 년을 유지하기 힘들다는 말.

蓋此身髮

蓋	此	身	髮
덮을 개 艸—10획	이 차 止—2획	몸 신 身—0획	터럭 발 髟—5획

해설) 대개 사람의 몸이나 그 몸에 난 털 하나라도 부모에게서 받지 않은 것이 없으니 항상 귀하게 생각해야 한다.

四大五常

四	大	五	常
넉 사 口—2획	클 대 大—0획	다섯 오 二—2획	떳떳할 상 巾—8획

해설) 사대는 사람이 이루어진 기운으로 지수화목(地水火木)을, 오상은 임금이 지켜야 할 도리인 인의예지신(仁義禮智信)을 말한다.

捲土重來(권토중래) : 한 번 실패에 굴하지 않고 몇 번이고 다시 일어남.

貴鵠賤鷄(귀곡천계) : 따오기를 귀하게 여기고 닭을 천하게 여김. 즉 먼 데 있는 것을 귀하게 여기고 가까운 데 있는 것을 천하게 여김.

克己復禮(극기복례) : 과도한 욕망을 억제하고 예절을 좇게 함.

近墨者黑(근묵자흑) : 먹을 가까이 하는 사람은 검어진다는 뜻으로, 나쁜 사람과 사귀면 그 버릇에 물들기 쉽다는 말.

恭惟鞠養

恭	惟	鞠	養
공손할 공 心—6획	오직 유 心—8획	기를 국 革—8획	기를 양 食—6획

해설) 부모가 이 몸을 낳아 길러 주신 은혜를 언제나 공손한 마음으로 감사하게 생각해야 한다.

豈敢毁傷

豈	敢	毁	傷
어찌 기 豆—3획	감히 감 攵—8획	헐 훼 殳—9획	상할 상 人—11획

해설) 부모로부터 받은 이 몸을 어찌 감히 헐어 버리든가 상하게 할 수 있으리오.

金科玉條(금과옥조) : 금옥과 같은 법률. 즉 소중히 여기고 꼭 지켜야 할 법률. 절대적인 것으로서 지키고 있는 규칙이나 교훈.

金石盟約(금석맹약) : 쇠와 돌과 같이 굳게 맺은 약속.

琴瑟之樂(금슬지락) : 부부 사이의 다정하고 화목한 즐거움.

錦衣夜行(금의야행) : 비단옷을 입고 밤에 나다님. 즉 아무런 효과도 없는 행동을 함을 비유하는 말.

여모정렬 · 남효재량

女慕貞烈

| 여자 녀 女—0획 | 사모할 모 心—11획 | 곧을 정 貝—2획 | 매울 렬 火—6획 |

ㄑㄑ女 / 艹艹芦苜莫慕慕 / ㅏ ㅑ ㅑ 貞貞貞 / 一ㄱㄅ列列烈烈

해설) 여자는 덕을 갖추어 항상 몸과 마음을 깨끗이 지키고 행실을 단정히 할 것을 생각해야 한다.

男效才良

| 사내 남 田—2획 | 본받을 효 攴—6획 | 재주 재 才—0획 | 어질 량 艮—1획 |

丨 口曰田田男男 / 亠方文交效效效 / 一十才 / ㄱ ㅋ ㅋ 艮 艮 良

해설) 남자는 재능을 닦고 어진 것을 본받아 훌륭한 사람이 되어야 한다.

金枝玉葉(금지옥엽) : 금으로 된 가지와 옥으로 된 잎사귀. 즉 왕가의 자손이나 집안, 또는 귀여운 자손을 소중하게 일컫는 말.

氣高萬丈(기고만장) : 일이 뜻대로 잘될 때에 기꺼워하거나, 성을 낼 때에 그 기운이 펄펄 나는 모양.

起死回生(기사회생) : 중병으로 죽을 뻔하다가 도로 살아나 회복함.

騎虎之勢(기호지세) : 범을 타고 달리는 듯한 기세. 즉 중도에서 그만둘 수 없는 형세.

知過必改

해설) 사람은 누구나 허물이 있으니 잘못된 것을 알면 반드시 고쳐야 한다.

알 지 矢—3획	허물 과 辶—9획	반드시 필 心—1획	고칠 개 攵—3획
ᅩ ᅩ 午 矢 矢 知 知	口 咼 咼 咼 咼 過 過	ヽ ソ 必 必 必	フ コ 己 己' 改 改

得能莫忘

해설) 사람으로서 알아야 할 것을 배운 후에는 결코 잊지 않도록 한다.

얻을 득 彳—8획	능할 능 肉—6획	말 막 艹—7획	잊을 망 心—3획
彳 彳' 䙷 得 得 得 得	ㅗ 育 育 育 育 能 能	ᅩ ᅩ 艹 节 苜 草 莫 莫	ᅩ ᅩ 亡 亡 忘 忘 忘

[ㄴ]

落花流水(낙화유수) : 떨어지는 꽃과 흐르는 물. 또는 남녀 사이에 흐르는 정을 비유한 말.

爛商公論(난상공론) : 여러 사람이 모여 자세하게 의논함.

難兄難弟(난형난제) : 누구를 형이라 하고 누구를 아우라 할지 가리기 어려움. 즉 옳고 그름이나 우열을 가리기가 어려울 때를 일컫는 말.

南柯一夢(남가일몽) : 꿈과 같이 짧고 헛된 한때의 부귀영화를 일컫는 말.

해설) 남의 단점을 알았더라도 결코 입 밖에 내어 말하지 말라.

해설) 자신의 장점을 믿고 자만하지도 말고 자랑하지도 말라.

男負女戴(남부여대) : 남자는 지고 여자는 이고 간다는 뜻으로, 가난한 사람이 떠돌아다니며 사는 것을 이르는 말.

囊中之錐(낭중지추) : 주머니 속에 든 송곳과 같이, 재주가 뛰어난 사람은 숨어 있어도 저절로 사람들이 알게 됨을 말함.

囊中取物(낭중취물) : 주머니 속의 물건을 꺼낸다는 뜻으로, 매우 쉬운 일을 비유한 말.

內憂外患(내우외환) : 나라 안팎의 여러 가지 근심 걱정.

信使可覆

믿을 신 人—7획	하여금 사 人—6획	옳을 가 口—2획	되풀이할 복 襾—12획
ノイイ仁仨信信信	ノイイ仁但使使	一丁丁可可	一襾襾覂覆覆覆

해설
믿음이 움직일 수 없는 진리라는 것을 알면 마땅히 되풀이하여 행하라.

器欲難量

그릇 기 口—13획	하고자할 욕 欠—7획	어려울 난 隹—11획	헤아릴 량 里—5획
口叩吅哭哭器器	ハグ谷谷谷欲欲	一十艹莫葟難難	曰旦昌旱量量量

해설
위와 같이 실천하는 사람은 항상 마음을 넓게 가지므로 그 도량(度量)이 깊고 깊어 남이 헤아리기 어렵다.

老當益壯(노당익장) : 늙었어도 기운은 더욱 씩씩함.

路柳墻花(노류장화) : 아무나 쉽게 꺾을 수 있는 길가의 버들과 담밑의 꽃. 즉 노는 계집이나 창부(娼婦)를 이르는 말.

勞心焦思(노심초사) : 마음으로 애를 쓰며 속을 태움.

綠陰芳草(녹음방초) : 푸른 잎이 우거진 나무의 그늘과 향기로운 풀. 즉 주로 여름의 자연 경치를 일컫는 말.

부수로 배워보는 한자 2

穴
구멍(혈)

갑골문 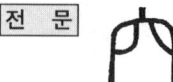 전문

풀이 아주 오랜 옛날에는 벽이나 바위에 커다란 구멍을 뚫고 살았는데, 이를 혈거생활(穴居生活)이라 한다. 穴은 이것을 형상화한 것이다.

[空] 穴+工
빌(공)

工(공)은 끌 등의 공구로 '꿰뚫다'란 뜻이다. 꿰뚫은 구멍의 뜻에서 '비다, 공허하다, 헛되다'란 뜻이 비롯되었다. *공약(空約).

[窮] 穴+躬
궁할(궁)

躬(궁)의 원래 모습은 '身+呂'이다. 身(신)은 임신하여 배가 부른 모습을 그린 것이고 呂(려)는 등뼈를 그린 것으로, 합하여 몸을 가리킨다. 사람의 몸이 구멍에 처박혀진다, 즉 몹시 어려운 상태를 나타낸 것이다. *곤궁(困窮).

[竊] 穴+丿+米+卨
훔칠(절)

집(穴)에서 쌀을(米) 꺼내다(丿). 丿(별)은 廾(공)이 변한 것으로 '벌레'를 뜻하기도 한다. 집에서 쌀을 축내는 벌레와 같은 짓, 즉 '훔치다, 도둑질하다'란 뜻이다. *절도(竊盜).

辵
쉬엄쉬엄갈(착)

갑골문 전문

풀이 行 + 止. 行(행)은 네거리란 뜻이고, 止(지)는 발, 혹은 길을 가다란 뜻이다. 부수로 쓰이면서 辶으로 변화되었으며, 辶이 뜻부분이 되어 길을 가거나 멀고 가까운 뜻과 관계되는 글자가 된다.

[迂] 辶+于
굽을(우)

于(우)는 활의 모양으로 '굽었다'는 뜻이다. *우회(迂廻).

[迅] 辶+卂
빠를(신)

迅은 '빠르다'는 뜻으로 음부(音符) 辶과 만나 '빨리 간다'는 뜻이 되었다. *신속(迅速).

[透] 辶+秀
뚫(투)

秀(수)는 '禾+乃'로 禾(화)는 벼이삭을, 乃(내)는 뻗은 활의 모양을 본떠 길게 뻗어나간다는 뜻이다. 辶과 만나 길게 뻗어나가도록 '내뚫다'라는 뜻이 되었다. *투과(透過).

墨悲絲染

해설: 옛날 중국의 묵적(墨翟)은 하얀 실에 더러운 물이 든 것을, 깨끗한 우리 마음에 나쁜 습관이 드는 것처럼 여기고 슬퍼했다 한다.

먹 묵 土—12획	슬플 비 心—8획	실 사 糸—6획	물들일 염 木—5획
口口口里黑黑墨墨	l ㅣ ㅕ ㅖ 非 悲 悲	ㄥ ㅆ ㅆ 糸 糸 絲	ㆍ ㆍ 氵沈 氿 汐 染 染

詩讚羔羊

해설: 『시경』(詩經) 고양(羔羊) 편에, 주(周)나라 문왕(文王)의 덕이 소남국(召南國)에까지 미친 것을 칭찬했다고 쓰여 있다.

글 시 言—6획	칭찬할 찬 言—19획	염소 고 羊—4획	양 양 羊—0획
言言計計詩詩詩	言計諧諧讚讚讚	ㆍㆍ 쓰 半 羊 羊 羔	ㆍㆍ 쓰 쓰 半 羊

弄瓦之慶(농와지경) : 딸을 낳은 기쁨.
弄璋之慶(농장지경) : 아들을 낳은 기쁨.
累卵之危(누란지위) : 알을 쌓아놓은 것처럼 언제 흘러내려 깨어질지 모르는 아주 위태로운 형세를 이르는 말.

[ㄷ]

多岐亡羊(다기망양) : 여러 갈래의 길에서 양을 잃었다는 뜻. ① 학문의 길이 너무 다방면으로 갈리어 진리를 얻기 어려움. ② 방침이 많아서 도리어 어찌할 바를 모름.

경행유현 · 극념작성

景行維賢

클 경 日—8획	행할 행 行—0획	벼리 유 糸—8획	어질 현 貝—8획
口日日旦몯昙景景	ノ ノ 彳 彳 行 行	纟 糸 約 約 維 維 維	ᅠ 臣 臤 取 腎 賢 賢

해설
사람으로서 언제나 행실을 밝고 당당하게 행하면 반드시 어진 사람의 모범이 될 것이다. 경(景)은 크고 밝다는 뜻이다.

剋念作聖

이길 극 刀—7획	생각 념 心—4획	이룰 작 人—5획	성인 성 耳—7획
十 古 古 古 克 剋 剋	人 人 今 今 念 念 念	ノ イ 亻 作 作 作 作	ᅠ 耳 即 聖 聖 聖

해설
성인들의 언행을 본받아 마음에 간직하고 수양을 쌓으면 장차 성인이 될 수 있다.

多多益善(다다익선) : 많으면 많을수록 더욱 좋음. 즉 감당할 능력이 있으면 많을수록 좋다는 말.

斷金之交(단금지교) : 우의가 두터운 친구 사이의 교분.

斷機之戒(단기지계) : 맹자의 어머니가 짜던 베를 끊고 맹자를 훈계한 고사에서 나온 말. 즉 학문을 중도에서 그만둠에 대한 훈계.

單刀直入(단도직입) : 문장이나 말의 요점을 바로 풀이하여 들어감.

德建名立

해설
항상 덕으로써 세상의 모든 일을 행하면 그 덕행이 하루하루 쌓여 자연히 이름도 서게 된다.

큰 덕 亻—12획	세울 건 廴—6획	이름 명 口—3획	세울 립 立—0획
亻彳德德德德德	ᄀᄏ彐圭聿建建	ノクタタ名名	、亠亠立立

德	德	德			
建	建	建			
名	名	名			
立	立	立			

形端表正

해설
생긴 모습이 단정하고 깨끗하면 그 마음가짐도 바르며 또 그 바른 마음이 밖으로 나타난다.

얼굴 형 彡—4획	바를 단 立—9획	겉 표 衣—3획	바를 정 止—1획
一二于开形形形	、亠亠立端端端	二主丰表表表	一丁下正正

形	形	形			
端	端	端			
表	表	表			
正	正	正			

簞食瓢飮(단사표음) : 도시락 밥과 표주박 물. 즉 간소한 음식이란 뜻으로, 소박한 살림을 이르는 말.

丹脣皓齒(단순호치) : 붉은 입술과 흰 이. 즉 매우 아름다운 여자의 얼굴을 일컫는 말.

堂狗風月(당구풍월) : 서당 개 삼년에 풍월한다. 즉 무식한 사람도 유식한 사람과 같이 있으면 다소 감화를 받게 된다는 말.

螳螂拒轍(당랑거철) : 제 힘에 겨운 일을 하려 덤비는 무모한 짓을 이름.

공곡전성 · 허당습청

空谷傳聲

| 빌 공 穴—3획 | 골짜기 곡 谷—0획 | 전할 전 人—11획 | 소리 성 耳—11획 |

해설) 성현의 말 한 마디는 빈 골짜기에 소리가 울려 퍼지듯 온 세상에 퍼져나가 사람들을 감동시킨다.

虛堂習聽

| 빌 허 虍—6획 | 집 당 土—8획 | 익힐 습 羽—5획 | 들을 청 耳—16획 |

해설) 빈 집에서 작은 소리로 소근대더라도 그 말을 신(神)은 들을 수 있으니 언제 어디서나 말과 행동을 조심하라는 뜻이다.

大書特筆(대서특필) : 특히 드러나게 큰 글자로 적음.

大義名分(대의명분) : 본분 또는 떳떳한 명목. 사람으로서 마땅히 지켜야 할 큰 의리와 직분.

徒勞無功(도로무공) : 헛되이 수고만 하고, 공을 들인 보람이 없음.

道聽塗說(도청도설) : 길에서 듣고 길에서 말해 버림. 즉 좋은 말을 듣고 가슴 속에 간직하지 않고 그대로 길에서 흘려버리는 어리석음을 지적한 말. 또는 길거리에 떠돌아다니는 뜬 소문.

禍因惡積

재화 화 示—9획	인할 인 口—3획	나쁠 악 心—8획	쌓을 적 禾—11획
千 禾 禾 禍 禍 禍	丨 冂 冂 因 因 因	一 一 一 一 亞 亞 惡 惡	二 千 禾 利 秈 秖 積 積

해설
재앙은 악이 쌓인 데서 오는 것이니 사람은 스스로 악한 일을 하여 재앙을 부르는 일이 없도록 해야 한다.

福緣善慶

복 복 示—9획	인연할 연 糸—9획	착할 선 口—9획	경사 경 心—11획
千 禾 祁 福 福 福	糹 糸 紵 紵 絳 緣 緣	一 䒑 羊 羊 美 善 善	一 广 广 严 庶 庶 慶

해설
복은 착한 일을 많이 행하는 데서 오는 것이며, 착한 일을 행하는 집에는 경사가 뒤따른다.

塗炭之苦(도탄지고) : 진흙탕이나 숯불에 빠진 듯한 고생. 즉 몹시 곤궁함을 이르는 말.

東問西答(동문서답) : 동쪽을 묻는데 서쪽을 대답함. 즉 묻는 말에 대하여 전혀 엉뚱한 대답을 함을 이르는 말.

東奔西走(동분서주) : 여기저기 분주하게 돌아다님.

同床異夢(동상이몽) : 같은 잠자리에서 자면서 서로 다른 꿈을 꿈. 즉 행동은 같이 하면서도 속으로는 다른 생각을 한다는 뜻.

화인악적 · 복연선경

척벽비보 · 촌음시경

尺 壁 非 寶

해설) 한 자(약 30cm)나 되는 구슬일지라도 반드시 보배 라고는 할 수 없듯이 물질 적인 것에 모든 가치를 둘 수는 없다.

자 척 尸—1획	구슬 벽 玉—13획	아닐 비 非—0획	보배 보 宀—17획
ㄱㄱ尸尺	尸戸启辟辟壁	ノ丿扌非非非	宀宀宀宀寶寶

尺 尺 尺
壁 壁 壁
非 非 非
寶 寶 寶

寸 陰 是 競

해설) 이처럼 물질적인 것보다 바로 시간이 보배이니 짧 은 시간이라도 잘 사용해 야 한다. 촌음은 아주 짧은 시간을 말한다.

조금 촌 寸—0획	세월 음 阜—8획	이 시 日—5획	다툴 경 立—15획
一十寸	｜阝阡阡陰陰陰	日日旦무무是是	立产产音竞競競

寸 寸 寸
陰 陰 陰
是 是 是
競 競 競

燈下不明(등하불명) : 등잔 밑이 어둡다는 뜻으로, 가까이 있는 것이 오히려 알아내기 어려움을 일컫는 말.

燈火可親(등화가친) : 가을밤은 서늘하여 등불을 가까이 하여 글 읽기에 좋다는 뜻.

[ㅁ]

馬耳東風(마이동풍) : 말 귀에 스치는 봄 바람. 즉 남의 말을 귀담아 듣지 않고 흘려보내는 것을 일컬음.

莫上莫下(막상막하) : 실력이 비슷한 상태.

資父事君

해설) 부모를 섬기는 마음으로 임금을 섬겨야 한다. 즉, 효자(孝子)와 충신(忠臣)은 한마음에서 우러난다는 말이다.

| 바탕 자 | 貝―6획 | 아버지 부 | 父―0획 | 섬길 사 | 丿―7획 | 임금 군 | 口―4획 |

曰嚴與敬

해설) 엄숙한 마음과 겸허한 자세로 부모를 공경하듯 임금을 섬기면 가히 충신이 될 수 있다는 말이다.

| 가로되 왈 | 曰―0획 | 엄할 엄 | 口―17획 | 더불 여 | 臼―7획 | 공경할 경 | 攵―9획 |

莫逆之友(막역지우) : 거리낌이 없는 친구. 즉 서로 뜻이 맞는 매우 가까운 친구를 이르는 말.

萬頃蒼波(만경창파) : 백만 이상이나 되는 푸른 물결. 즉 한없이 넓고 푸른 바다.

萬古風霜(만고풍상) : 사는 동안에 겪은 갖가지 고생.

晚時之歎(만시지탄) : 기회를 놓쳐 늦었음을 안타까워하는 탄식.

萬身瘡痍(만신창이) : ① 온몸이 상처투성이가 됨. ② 사물이 결함이 많음.

孝當竭力

해설] 부모를 섬기는 데 있어 자식으로서 마땅히 있는 힘을 다하여야 한다.

- 효도 효 子—4획
- 마땅할 당 田—8획
- 다할 갈 立—9획
- 힘 력 力—0획

忠則盡命

해설] 임금을 섬기는 데 있어서는 목숨도 아끼지 않을 각오가 되어 있어야 한다. 즉, 효도와 충성의 방법의 차이를 말하고 있다.

- 충성 충 心—4획
- 곧 즉 刀—7획
- 다할 진 皿—9획
- 목숨 명 口—5획

滿化方暢(만화방창) : 따뜻한 봄날에 만물이 나서 자라남.

亡羊補牢(망양보뢰) : 소 잃고 외양간 고친다. 즉 일이 이미 다 틀린 뒤에 때늦게 계책을 마련한다는 뜻.

望洋之歎(망양지탄) : 넓은 바다를 보고 하는 탄식. 즉 남의 위대함에 감탄하면서 자신의 힘이 미치지 못함을 탄식한다는 말.

亡子計齒(망자계치) : 죽은 자식의 나이 세기. 이미 허사가 된 일을 생각하며 애석해한다는 뜻.

臨深履薄 (임심이박)

臨	深	履	薄
임할 임 臣—11획	깊을 심 水—8획	밟을 리 尸—12획	얇을 박 艹—13획

해설) 부모님 앞에서 행동할 때는 깊은 곳에 임하듯, 또는 살얼음을 밟듯 모든 일에 주의를 해야 한다.

夙興溫凊 (숙흥온정)

夙	興	溫	凊
이를 숙 夕—3획	일어날 흥 臼—9획	따뜻할 온 水—10획	서늘할 청 冫—8획

해설) 아침에는 부모님보다 일찍 일어나고, 추운 겨울에는 방을 따뜻하게, 더운 여름에는 서늘하게 해드려야 한다.

孟母三遷(맹모삼천) : 맹자의 어머니가 이사를 세 번하여 맹자를 교육시킨 고사. 처음에 공동묘지 근방에 살다가 시장 근방으로, 마지막에는 글방 근처로 옮기었다 함.

盲者丹靑(맹자단청) : 장님 단청 구경하기. 사물을 감정할 능력이 없이 보는 것을 이르는 말.

面從腹背(면종복배) : 겉으로는 복종하는 체하면서 속으로는 반대함.

明鏡止水(명경지수) : 맑은 거울과 조용한 물이란 뜻으로, 맑고 고요한 심경을 이름.

사란사형 · 여송지성

似 蘭 斯 馨

해설) 군자는 그 지조와 절개가 난초의 향기와 같이 멀리까지 퍼져 나간다.

| 같을 사 人—5획 | 난초 란 艸—17획 | 이 사 斤—8획 | 향기로울 형 香—11획 |

丿亻𠆢𠆢似似似
丶丷艹门闌蘭蘭
十甘其其斯斯斯
士声殸磬磬馨馨

如 松 之 盛

해설) 군자의 절개와 지조의 성(盛)하기가 마치 항상 푸르러 시들 줄 모르는 소나무와 같다.

| 같을 여 女—3획 | 소나무 송 木—4획 | 갈 지 丿—3획 | 성할 성 皿—7획 |

𡿨𠃌女如如如
十才木木松松松
丶㇇之
厂厂成成成盛盛

明眸皓齒(명모호치) : 눈동자가 맑고 이가 희다는 뜻으로, 미인의 아름다움을 형용하는 말.

明實相符(명실상부) : 명성과 실상이 서로 들어맞음.

明若觀火(명약관화) : 불을 보듯이 뻔함. 즉 더 말할 나위 없이 명백함을 이르는 말.

明哲保身(명철보신) : 총명하고 사리에 밝게 일을 처리하여 몸을 보전함.

目不識丁(목불식정) : 눈으로 보고도 '丁'자도 모름.

川流不息

해설) 쉬지 않고 흐르는 냇물처럼 군자는 꾸준히 덕행을 쌓아가야 한다.

내 천 川—0획	흐를 류 水—7획	아니 불 一—3획	쉴 식 心—6획
丿丿川	丶氵氵氵汸汸流流	一ㄱ才不	丶冂冃自自息息

川
流
不
息

淵澄取暎

해설) 맑은 연못에 모든 물체가 비치듯 군자는 꾸밈없이 사실 그대로 행동해야 한다.

못 연 水—8획	맑을 징 水—12획	취할 취 又—6획	비칠 영 日—9획
丶氵氵沪沪渊渊淵	丶氵氵氵澄澄澄	一ㄱㄒㅌ耳取取	日 日⁺ 日⁺⁺ 旷 旷 旷 暎 暎

淵
澄
取
暎

目不忍見(목불인견) : 차마 눈 뜨고 볼 수 없는 참상이나 꼴불견.

無故作散(무고작산) : 아무 까닭없이 벼슬을 빼앗음.

無所不知(무소부지) : 알지 못하는 바가 없음. 무엇이든지 모르는 것이 없음.

無依無托(무의무탁) : 의지하고 의탁할 곳이 없이 외롭고 궁핍함.

刎頸之交(문경지교) : 생사를 같이 할 만큼 친한 친구.

부수로 배워보는 한자 3

병들어누울(녁)

갑골문 / 전 문

풀이) 人+爿. 爿(장)은 침대를 본뜬 것이다. 疒은 사람이 병들어 침대에 누워 있는 모습을 나타내며, 疒을 부수로 하여 병이나 이로 인한 고통, 아픈 상태 등을 나타내는 글자를 만든다.

[疾] 疒+矢
병(질)
矢(시)는 화살에 맞아 몸이 다친 상태이다. 疾은 일반적인 질병을 나타낸다. *질병(疾病).

[病] 疒+丙
병(병)
丙(병)은 다리가 내뻗친 모양으로 疒과 만나 병의 상태가 깊어지는 상태를 나타낸다. *병환(病患).

[痒] 疒+羊
가려울(양)
여기서 羊(양)은 몸이 붓는다는 뜻이다. *격화소양(隔靴搔痒).

뿔(각)

갑골문  전 문

풀이) 동물의 뿔 또는 모난 곳을 나타낸다. 부수로 쓰여 뿔로 만든 온갖 물건이나 동물이 뿔로 겨루듯이 경쟁한다는 뜻으로 쓰인다.

[解] 角+刀+牛
풀(해)
소(牛)의 뿔(角)을 칼(刀)로 풀어헤쳐 가른다는 말로, '어떤 일을 풀어서 해결한다, 자세히 풀이한다'의 뜻으로 쓰인다. *해결(解決).

[觸] 角+蜀
닿을(촉)
벌레끼리 싸울 때 촉각으로 서로를 범한다 하여 '닿다'라는 뜻이 되었다. *촉각(觸角).

[觚] 角+瓜
술잔(고)
瓜(과)는 호리병처럼 생긴 박으로, 觚는 호리병 모양의 뿔로 만든 술잔을 말한다. *고로(觚盧).

容止若思

얼굴 용 宀—7획	고요할 지 止—0획	같을 약 艹—5획	생각 사 心—5획
宀宀宀宀宀容容	丨卜止止	一十艹艹艹若若	丨口日田思思

해설) 군자는 제 행동에 과실이 없도록 언제나 깊이 생각하고 살펴서 행동하도록 해야 한다.

言辭安定

말씀 언 言—0획	말씀 사 辛—12획	편안할 안 宀—3획	정할 정 宀—5획
丶一二三言言言	𠂉𠂆𠂇𦥑𠂇辭辭辭	丶丶宀宀安安	丶丶宀宀宀定定

해설) 그리하여 군자는 말하는 것도 서두르지 않고 안정되게 하며 필요하지 않은 말은 하지 않는다.

文房四友(문방사우) : 서재에 꼭 있어야 할 네 가지 도구를 비유. 즉 종이·붓·벼루·먹을 이름.

門前成市(문전성시) : 권세가 높아지거나 부자가 되어 집 문 앞이 찾아오는 손님들로 붐벼 마치 시장을 이룬 것 같음.

門前沃畓(문전옥답) : 집 앞 가까이에 있는 좋은 논.

物各有主(물각유주) : 물건은 제각기 임자가 있다는 뜻.

독초성미 · 신종의령

篤初誠美

두터울 독 竹—10획	처음 초 刀—5획	정성 성 言—7획	아름다울 미 羊—3획
篤	初	誠	美

해)설
매사에 있어 시작을 성실하고 신중하게 한다면 실패하지 않고 훌륭한 결과를 얻게 될 것이다.

愼終宜令

삼갈 신 心—10획	끝 종 糸—5획	마땅 의 宀—5획	하여금 령 人—3획
愼	終	宜	令

해)설
처음뿐 아니라 항상 조심하여 마무리도 성실하게 하면 마땅히 좋은 결과를 얻을 수 있다.

勿失好機(물실호기) : 좋은 기회를 놓치지 않음.
物心一如(물심일여) : 마음과 물체가 구분됨이 없이 하나로 일치된 상태.
物我一體(물아일체) : 외물과 자아, 객관과 주관, 또 물계와 심계가 한데 어울려서 한 덩어리가 됨. 곧 대상물에 완전히 몰입된 경지를 이르는 말.
物外閒人(물외한인) : 세상사의 시끄러움에서 벗어나 한가롭게 지내는 사람.
微官末職(미관말직) : 지위가 아주 낮은 벼슬.

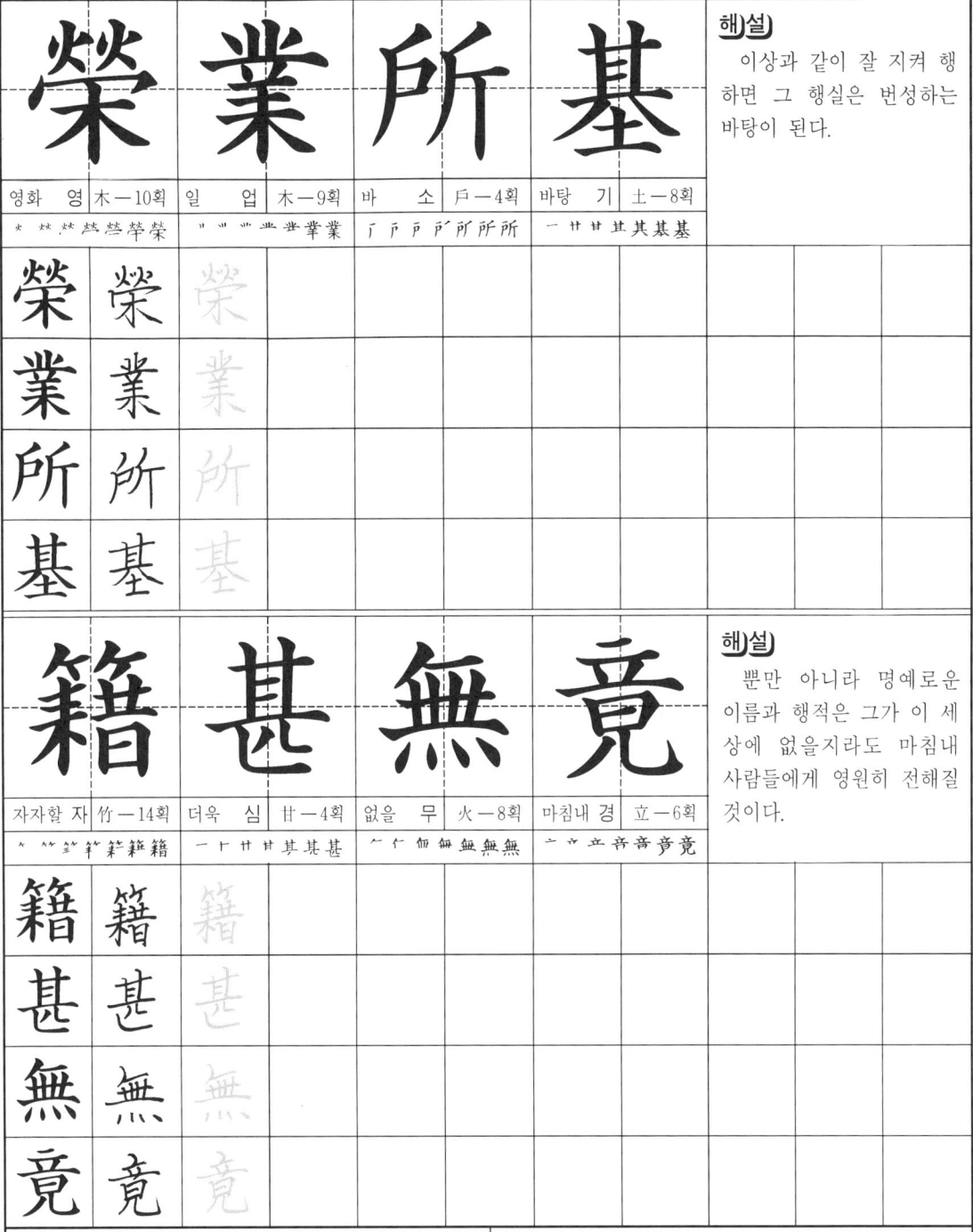

해설) 이상과 같이 잘 지켜 행하면 그 행실은 번성하는 바탕이 된다.

해설) 뿐만 아니라 명예로운 이름과 행적은 그가 이 세상에 없을지라도 마침내 사람들에게 영원히 전해질 것이다.

米糧魚鹽(미량어염) : 양식, 소금, 생선 등 일상생활에 필요한 필수품이란 뜻.

尾生之信(미생지신) : 옛날에 미생이란 사람이 다리 밑에서 만나자는 여자와의 약속을 지키기 위해 큰 비가 와 물이 불어도 피하지 않고 기다리다가 마침내 다리 기둥을 껴안고 익사하였다는 고사. 즉 신의를 지키고 변하지 아니함. 또는 어리석고 융통성이 없음을 이르는 말로 쓰임.

美風良俗(미풍양속) : 아름답고 좋은 풍속.

學優登仕

해설) 학문이 넉넉하고 덕을 쌓으면 벼슬길에 오를 수 있다.

배울 학 子—13획	넉넉할 우 人—15획	오를 등 癶—7획	벼슬 사 人—3획
丶ⁿ F F F 臼 臼 學	亻 仁 俨 價 優 優 優	フ ヲ 癶 癶 癶 登 登	ノ 亻 仁 仕 仕

攝職從政

해설) 그렇게 되면 벼슬길에 올라 정사에 참여할 수 있게 된다.

잡을 섭 手—18획	일 직 耳—12획	좇을 종 彳—8획	정사 정 攵—5획
扌 扩 扩 护 揖 攝	耳 耳 职 職 職 職	彳 彳 卆 卆 卆 從 從	丁 下 正 正 政 政 政

[ㅂ]

博而不精(박이부정) : 폭넓게 알지만 정확하지는 못하다는 뜻.

拍掌大笑(박장대소) : 손뼉을 치며 한바탕 크게 웃음.

反目嫉視(반목질시) : 서로 미워하고 질투하는 눈으로 바라봄.

叛服無常(반복무상) : 배반했다 복종했다 하여 그 태도가 한결같지 않음.

半信半疑(반신반의) : 반은 믿고 반은 의심함.

존이감당 · 거이익영

存以甘棠

있을 존 子-3획	써 이 人-3획	달 감 甘-0획	아가위 당 木-8획
一ナ才存存存	ノレ以以以	一十廿甘甘	一 ... 堂堂棠

해설) 주나라의 청렴한 관리 소공석(召公奭)은 관할 백성들에게 폐가 될까봐 감당나무 아래서 일하고 마을에는 들어가지 않았다.

去而益詠

갈 거 厶-3획	어조사 이 而-0획	더할 익 皿-5획	읊을 영 言-5획
一十土去去	一丆丆而而而	八公个谷谷益益	言言言訢詠詠

해설) 소공석이 죽자 백성들은 그의 공적을 더욱 찬양하는 감당시를 읊어 그를 기렸다.

發憤忘食(발분망식) : 분발하여 먹는 것을 잊음. 끼니를 거를 정도로 열심히 하는 것을 말함.

傍若無人(방약무인) : 뭇 사람 앞에서도 주변에 사람이 없는 것같이 말이나 행동을 마음대로 함을 이르는 말.

背恩忘德(배은망덕) : 남에게 입은 은덕을 잊고 도리어 배반함.

白骨難忘(백골난망) : 죽어서 백골이 되어도 잊기 어렵다는 뜻으로, 남에게 입은 은혜에 감사하는 말.

악수귀천 · 예별존비

樂	殊	貴	賤
풍류 악 木—11획	다를 수 歹—6획	귀할 귀 貝—5획	천할 천 貝—8획
′ ㅅ 甪 绐 樂 樂 樂	ㄱ ㄅ ㄉ 歹 殊 殊	口 中 虫 肯 貴 貴	目 貝 貯 肝 賤 賤 賤

해설) 풍류는 신분에 따라 다르니, 귀한 사람은 귀한 대로 천한 사람은 천한 대로 각각 자신에게 맞는 것을 즐겼다.

樂	樂	樂
殊	殊	殊
貴	貴	貴
賤	賤	賤

禮	別	尊	卑
예도 례 示—13획	다를 별 刀—5획	높을 존 寸—9획	낮을 비 十—6획
千 禾 禾 祀 禮 禮 禮	ˋ ㅁ ㅁ 另 別 別	八 台 台 酋 酋 尊 尊	′ ㅅ 白 白 白 卑 卑

해설) 예도에도 높고 낮음의 구별이 있으니 군신(君臣), 부자(父子), 부부(夫婦), 장유(長幼), 붕우(朋友)의 차별이 있다.

禮	禮	禮
別	別	別
尊	尊	尊
卑	卑	卑

百年佳約(백년가약) : 부부가 되어 한평생을 함께 지내자는 아름다운 약속.
百年河淸(백년하청) : 중국의 황하강이 항상 흐리어 맑을 때가 없다는 데서 나온 말로, 아무리 오랫동안 기다려도 소망하는 것이 이루어질 수 없음을 이르는 말.
百年偕老(백년해로) : 부부가 되어 서로 화락하고, 사이좋게 한평생을 같이하고 함께 늙음.
白面書生(백면서생) : 글에만 열중하고 세상 일에 어두운 사람.

上和下睦

위 상 ——2획	화목할 화 口—5획	아래 하 ——2획	화목할 목 目—8획
ㅣㅏ上	二千千禾禾和和	一丁下	ㅣ冂日目 睦睦睦

해설) 윗사람이 사랑으로 아랫사람을 대하고 아랫사람이 공경으로 윗사람을 대하니 화목이 이루어진다. 즉 군신간의 화목을 뜻한다.

夫唱婦隨

남편 부 大—1획	부를 창 口—8획	아내 부 女—8획	따를 수 阜—13획
一二夫夫	口叩吧唱唱唱	女女妇妒婦婦	阝阝阡隋隋隨

해설) 남편이 사랑으로 이끌면 아내는 힘을 다해 따른다. 즉 양(陽)이 부르면 음(陰)이 화답한다는 부부의 도를 가리키는 말이다.

白衣從軍(백의종군) : 벼슬 없이 군대를 따라 전쟁터로 나감.

百戰百勝(백전백승) : 싸울 때마다 모조리 이김.

百折不屈(백절불굴) : 백번 꺾어도 굽히지 않음. 즉 어떠한 난관에도 굴하지 아니하고 극복하여 이겨나감을 이르는 말.

伯仲之勢(백중지세) : 우열의 차이가 없는 비슷한 상태를 일컫는 말.

百尺竿頭(백척간두) : 아주 높은 장대 끝에 오른 것처럼 극도로 위태로운 지경에 빠짐.

외수부훈 · 입봉모의

外受傅訓

바깥 외 夕—2획	받을 수 又—6획	스승 부 人—10획	가르칠 훈 言—3획
ノクタ外外	一ィ⺥⺥爫受受	ィ仆伸俌傅傅	亠䒑言言訓訓訓

해설) 8세가 되면 밖에 나가 스승의 가르침을 받아야 한다. 또 13세가 되면 소학(小學)에 들어간다 하였다.

入奉母儀

들어갈 입 入—0획	받들 봉 大—5획	어머니 모 毋—1획	거동 의 人—13획
ノ入	一二三夫夫奉奉	乚口口囚母	ィ仆伴伴佯儀儀

해설) 집에 들어와서는 어른들의 가르침을 잘 받드는데, 특히 어머니의 언행과 범절을 본받아 예의에 어긋난 거동을 하지 않는다.

百八煩惱(백팔번뇌) : 불교에서 나온 말로, 인간의 과거와 현재와 미래에 걸친 108가지 번뇌를 말함.

繁文縟禮(번문욕례) : 번거롭게 형식만 차리어 까다로운 예문.

變化難測(변화난측) : 변화가 많아 헤아리기 어려움.

父傳子傳(부전자전) : 대대로 아버지에게서 아들에게 전해짐. 그 아버지에 그 아들.

不知其數(부지기수) : 매우 많은 것을 이름.

諸姑伯叔

諸	姑	伯	叔
모두 제 言—9획	고모 고 女—5획	맏이 백 人—5획	아저씨 숙 又—6획
丶亠言言計許諸諸	乚女女女'女'姑姑	ノイイ'伯伯伯	丨上卡未叔叔

해설) 고모(姑母), 백부(伯父), 숙부(叔父)는 모두 아버지의 형제 자매가 되시니 잘 모셔야만 한다.

諸	諸	諸					
姑	姑	姑					
伯	伯	伯					
叔	叔	叔					

猶子比兒

猶	子	比	兒
같을 유 犬—9획	자식 자 子—0획	견줄 비 比—0획	아이 아 儿—6획
犭犭猶猶猶猶猶	了子	上比比	丨丨斤臼臼兒兒

해설) 유자란 조카를 말하는데, 조카들도 자식과 같이 사랑으로 대해 주어야 한다는 말이다.

猶	猶	猶					
子	子	子					
比	比	比					
兒	兒	兒					

北門之嘆(북문지탄) : 벼슬은 하였지만 뜻대로 이루지 못하여 그 곤궁함을 한탄함.

北窓三友(북창삼우) : 거문고·술·시를 일컬음.

粉骨碎身(분골쇄신) : 뼈가 가루가 되고 몸이 부서짐. 즉 있는 힘을 다하여 노력함을 이르는 말.

憤氣沖天(분기충천) : 분한 마음이 하늘에 솟구치듯 대단함. 즉 몹시 분하다는 뜻.

焚書坑儒(분서갱유) : 중국의 진시황이 모든 서적을 불태우고 많은 유학자를 구덩이에 묻어 죽인 일.

孔懷兄弟

| 매우 공 子—1획 | 품을 회 心—16획 | 형 형 儿—3획 | 아우 제 弓—4획 |

了子孔 / 忄忄忄忄忄懷懷 / 丶口口尸兄 / 丷 丷 当 岜 弟弟

해설) 형제는 서로 사랑하고 도우며 사이좋게 지내야 한다.

同氣連枝

| 같을 동 口—3획 | 기운 기 气—6획 | 이을 련 辶—7획 | 가지 지 木—4획 |

| 冂 冂 同 同 同 / 丶 丷 气 気 氣 氣 氣 / 一 亘 車 車 連連 / 十 才 木 木 材 枝 枝

해설) 형제는 부모의 기운을 같이 받았으니 나무에 비하면 한 줄기에서 뻗어나온 나뭇가지와 같으므로 언제나 뜻이 통해야 한다.

不可思議(불가사의) : 사람의 생각으로는 헤아릴 수 없는 이상하고 야릇한 것.

不刊之書(불간지서) : 영구히 전하여 없어지지 않는 양서(良書).

不攻自破(불공자파) : 치지 않아도 절로 깨어짐.

不毛之地(불모지지) : 식물이 자라지 못하는 거친 땅.

不問可知(불문가지) : 묻지 않아도 알 수 있다는 뜻으로, 보나마나 결과를 뻔히 알 수 있다는 말.

不問曲直(불문곡직) : 옳고 그름을 묻지 않음.

交友投分

사귈 교 亠—4획	벗 우 又—2획	줄 투 手—4획	분수 분 刀—2획
亠亠六六交交	一ナ方友	一十扌扜投投投	丿八今分

해설 벗을 사귐에 있어서는 서로 분수에 맞는 사람끼리 사귀어야 한다.

切磨箴規

자를 절 刀—2획	갈 마 石—11획	경계 잠 竹—9획	법 규 見—4획
一七切切	广广广床麻磨磨	⺮⺮产笶箴箴箴	二ナ夫규規規規

해설 또한 벗은 열심히 학문과 기술을 갈고 닦아 사람의 도리를 지킬 수 있도록 이끌고, 서로 훈계하여 바로잡아 주어야 한다.

不世之才(불세지재) : 세상에서 보기 드문 빼어난 재주.

不言之化(불언지화) : 말로 하지 아니하고 덕으로 주는 감화.

不撓不屈(불요불굴) : 결심이 흔들리거나 굽히지 않음.

不撤晝夜(불철주야) : 밤낮을 가리지 아니함. 조금도 쉬지 않고 일에 힘쓰는 모양.

不恥下問(불치하문) : 아랫사람에게 묻는 것을 부끄럽게 여기지 않음.

인자은측 · 조차불리

仁 慈 隱 惻

어질 인	사랑 자	측은할 은	불쌍할 측
人—2획	心—10획	阜—14획	心—9획
ノ亻仁	丷䒑兹兹慈慈	丨卩阝阡隱隱隱	忄忄忄惻惻惻惻

해설) 어질고 자애로운 마음으로 남을 사랑하고 불쌍한 사람을 보면 측은하게 여긴다.

造 次 弗 離

지을 조	버금 차	말 불	떠날 리
辶—7획	欠—2획	弓—2획	隹—11획
丿生牛告告造造	冫冫冫次次	一二弓弗弗	亠卢离离離離

해설) 잠시라도 측은한 마음을 자신에게서 떠나게 해서는 안된다. 즉 남을 동정하는 마음을 항상 간직하도록 하라는 말이다.

不偏不黨(불편부당) : 어느 편으로도 치우치지 않는 공평한 태도.

不惑之年(불혹지년) : 불혹의 나이. 즉 마흔 살.

憑公營私(빙공영사) : 공적인 일을 빙자하여 사리(私利)를 추구함.

[ㅅ]

四顧無親(사고무친) : 사방을 아무리 둘러보아도 친척이 한 명도 없다는 뜻으로, 의지할 만한 사람이 전혀 없음을 이르는 말.

士氣衝天(사기충천) : 사기가 하늘을 찌를 듯함.

節義廉退 顚沛匪虧

節	義	廉	退
절개 절 竹—9획	옳을 의 羊—7획	청렴 렴 广—10획	물러갈 퇴 辶—6획
⺮ ⺮ ⺮ 節 節 節 節	⺌ ⺌ 兰 羊 美 義 義	广 广 庐 庐 庐 庐 廉	⺀ ⺀ 艮 艮 艮 退 退 退

해설) 군자는 절개와 의리를 지키고, 청렴하여 불의와 부정 앞에서는 과감히 물러설 줄도 알아야 한다.

顚	沛	匪	虧
기울어질 전 頁—10획	자빠질 패 水—4획	아닐 비 匚—8획	이지러질 휴 虍—11획
⺀ 旨 眞 眞 顚 顚 顚	⺀ ⺀ 氵 氵 沛 沛 沛	丆 丆 丆 匨 匨 匪 匪 匪	广 虍 虍 虖 雐 雐 虧

해설) 이 절의와 염퇴는 아무리 엎어지고 자빠져도 이지러지지 않으니 항상 용기를 잃지 말라.

四面楚歌(사면초가) : 사방에서 초나라의 노랫소리가 들림. 즉 적에게 포위된 경우나 누구의 도움을 받을 수 없는 외로운 상태에 빠짐.

四面春風(사면춘풍) : 누구에게나 다 모나지 않게 행동하는 일. 또는 그런 사람.

似而非(사이비) : 겉으로는 비슷하지만 실제로는 근본적으로 다른 가짜를 이르는 말.

獅子吼(사자후) : 사자의 용맹스러운 울음. ① 열변을 토하는 연설. ② 질투 많은 여자가 남편에게 떠듦.

부수로 배워보는 한자 4

갑골문 　전문

풀이 조개의 모양을 본뜬 글자로, 오랜 옛날에는 조개껍데기를 화폐 대신 사용하였다. 부수로 쓰일 때는 貝를 뜻부분으로 하여 금전, 재화 및 그것들에 관한 행위나 상태를 나타낸다.

[販] 貝+反
팔(판)
反(반)은 돌려주다의 뜻이니, 돈(貝)을 받고 받은 만큼의 물건을 돌려준다는 말이다. *판매(販賣).

[貪] 今+貝
탐낼(탐)
今(금)은 含(머금을 함)이 생략된 형태이니, 재화(貝)를 갖고 싶어서 마음에 담는다는 뜻이다. *탐욕(貪慾).

[責] 主+貝
꾸짖을(책)
음을 나타내는 主(주)는 원래 朿(자)가 원형으로 가시돋힌 나무를 말한다. 가시처럼 아프게 '비난하다, 꾸짖다', 혹은 '금품을 강요하다'란 뜻이다. *질책(質責).

갑골문 　전문

풀이 辛 + 口. 辛(신)은 문신을 할 때 쓰는 바늘이며, 입(口)은 맹세를 나타내는 문서이다. 맹세를 지키지 않으면 바늘로 찌르는 듯한 형벌을 받게 된다는 뜻이다. 言이 있는 글자는 입의 역할이나 말에 관계되는 뜻을 가지고 있다.

[計] 言+十
셀(계)
十(십)은 숫자를 가리키며, 입으로 숫자를 센다는 뜻이다. *계산(計算).

[訥] 言+內
말더듬을(눌)
內(내)는 식물이 땅속으로 들어가는 모습으로 말(言)이 겉으로 나오지 않고 안으로만 들어가므로, '말을 더듬다, 말주변이 없다'는 뜻으로 쓰인다. *訥辯(눌변).

[訴] 言+斥
아뢸(소)
斥(척)은 물리치다의 뜻이므로 말로써 부당한 것을 물리치다란 뜻으로 쓰인다. *訴訟(소송).

性靜情逸

해설) 성품이 고요한 사람은 항상 편안안 마음을 지닐 수 있다.

성품 성 心—5획	고요할 정 青—8획	뜻 정 心—8획	편안할 일 辵—8획
ノ丨忄忄忄性性性	主青青青靜靜靜	ノ丨忄忄情情情	ノクククタ免逸

心動神疲

해설) 마음이 불안하여 산란해지면 정신마저도 피곤해져 몸과 마음이 모두 편하지 못하게 된다.

마음 심 心—0획	움직일 동 力—9획	정신 신 示—5획	피로할 피 疒—5획
ノ心心心	舌舌旨重重動動	一二亍禾和和神神	广疒疒疒疒疲疲

山高水長(산고수장) : ① 산은 높고 물은 길게 흐름. 즉 높은 산 깊은 골짜기의 아름다운 자연을 말함. ② 군자의 덕이 뛰어남을 산이 높고 물이 길게 흐름에 비유한 말.

山戰水戰(산전수전) : 산에서의 싸움과 물에서의 싸움. 즉 세상을 살아오면서 온갖 고생과 어려움을 다 겪어 경험이 많음을 이르는 말.

山海珍味(산해진미) : 산과 바다의 진귀한 맛이라는 뜻으로, 온갖 귀한 재료로 만든 맛있는 음식을 이르는 말.

守眞志滿

지킬 수 宀—3획	참 진 目—5획	뜻 지 心—3획	찰 만 水—11획
ㆍ宀宀宁守守	一ナ丙自自眞眞	一十士志志志	氵氵氵沪沪滿滿

해설
사람으로서 올바른 도리를 지켜 나간다면 그 뜻이 충만해 만족스럽고 여유가 있을 것이다.

逐物意移

쫓을 축 辶—7획	재물 물 牛—4획	뜻 의 心—9획	옮길 이 禾—6획
一丁丐豕豕逐	ㆍ 丿 牛 牜 物物物	亠音音音意意意	一千禾禾杉移移

해설
재물(財物)을 탐내는 욕심이 지나치게 되면 마음마저 안정되지 못하고 높이 세웠던 뜻마저도 잃게 된다.

三顧草廬(삼고초려) : 중국 삼국시대에 촉한의 유비가 제갈공명을 세 번이나 찾아가 설복시켜 군사(軍師)로 초빙한 데서 나온 말.

森羅萬象(삼라만상) : 우주 사이에 있는 온갖 사물과 현상.

三省吾身(삼성오신) : 매일 세 번씩 자신이 한 일을 반성함.

三旬九食(삼순구식) : 30일 가운데 아홉 끼니밖에 먹지 못한다는 뜻으로, 몹시 가난함을 이르는 말.

堅持雅操

굳을 견 土—8획 | 가질 지 手—6획 | 바를 아 隹—4획 | 지조 조 手—13획

해설) 굳은 마음과 푸르른 절개를 지키고 살아가라. 그리하면 자연히 그 맑은 절조가 세상에 알려지게 될 것이다.

好爵自縻

좋아할 호 女—3획 | 벼슬 작 爪—14획 | 스스로 자 自—0획 | 얽을 미 糸—11획

해설) 이처럼 맑은 절개를 지키고 살아가노라면 모두가 부러워하는 높은 벼슬이 자연히 나에게 내려지게 된다.

견지아조 · 호작자미

三十六計(삼십육계) : 몸을 안전하게 하기 위해서는 도망쳐야 할 때 도망치는 것이 최상책이라는 뜻.

三人成虎(삼인성호) : 거리에 범이 없다 하더라도 세 사람이 거리에 범이 있다고 우기면 곧이 듣는다는 뜻으로, 허황된 말도 이야기하는 사람이 많으면 자연히 믿게 됨을 비유한 말.

傷弓之鳥(상궁지조) : 활에 한 번 맞아 다친 새는 활만 보면 놀란다는 뜻으로, 먼저 한 번 당한 일에 겁을 집어먹는 사람을 비유하는 말.

도읍화하·동서이경

都邑華夏

도읍 도 邑—9획	고을 읍 邑—0획	빛날 화 艹—8획	여름 하 夂—7획
土耂者者都都	丨口口口邑邑	艹艹莢莢莢華	一丁丁万百頁夏夏

해설) 도읍은 한 나라의 서울로 임금이 계신 곳이며, 화하는 중국의 미칭(美稱)이다.

都 都 都
邑 邑 邑
華 華 華
夏 夏 夏

東西二京

동녘 동 木—4획	서녘 서 西—0획	두 이 二—0획	서울 경 亠—6획
一丆丙百申東東	一丆丙丙西西	一二	亠亡古古亨京

해설) 주나라 성왕(成王)은 동쪽 낙양에, 한나라 고조(高祖)는 서쪽 장안에 서울을 세우니 후세 사람들이 이를 이경이라 하였다.

東 東 東
西 西 西
二 二 二
京 京 京

生殺與奪(생살여탈) : 살리고 죽이고, 주고 빼앗음. 즉 대단한 권세를 일컬음.

生者必滅(생자필멸) : 생명이 있는 것은 반드시 죽는다는 불교의 용어로, 회자정리(會者定離)와 대를 이루는 말.

先見之明(선견지명) : 먼저 보는 밝음. 즉 앞으로 닥쳐올 일을 미리 아는 슬기로움을 말함.

雪上加霜(설상가상) : 눈 위에 서리를 더한다는 뜻으로, 불행한 일이 계속해서 일어남을 이르는 말.

背	邙	面	洛	**해설)** 동경(東京)인 낙양(洛陽)은 북망산(北邙山)을 뒤에 두고, 황하(黃河)의 지류(支流)인 낙수(洛水)를 앞에 두고 있다.
등질 배 肉-5획	터 망 邑-3획	향할 면 面-0획	낙수 락 水-6획	
丨丬爿北背背背	丶亠亡亡亡邙	一丆丙丙面面面	氵汋汋汐洛洛洛	

背	背	背
邙	邙	邙
面	面	面
洛	洛	洛

浮	渭	據	涇	**해설)** 서경(西京)인 장안(長安)은 위수(渭水)가에 떠 있는데, 섬서성(陝西省)에서 합류한 경수(涇水)를 의지하고 있다.
뜰 부 水-7획	위수 위 水-9획	의지할 거 手-13획	경수 경 水-7획	
氵汐浮浮浮浮浮	氵渭渭渭渭渭渭	扌扩扩护护据據	氵汀汀汈涇涇涇	

浮	浮	浮
渭	渭	渭
據	據	據
涇	涇	涇

說往說來(설왕설래) : 무슨 일의 시비(是非)를 가리느라고 말로 옥신각신함.
纖纖玉手(섬섬옥수) : 가냘프고 아름다운 여자의 손.
歲寒松柏(세한송백) : 소나무와 측백나무는 겨울에도 변색되지 않는다는 말로, 군자는 역경에 처하여도 절개를 굽히지 않는다는 것을 비유.
束手無策(속수무책) : 손이 묶이어 아무런 계책이 없음. 해결할 방법이 없어 꼼짝할 수 없음을 비유.

궁전반울 · 누관비경

宮	殿	盤	鬱
집 궁 宀—7획	대궐 전 殳—9획	서릴 반 皿—10획	답답할 울 鬯—19획
丶宀宀宀宁宮宮	尸尸尸屛屛殿殿	丿力月舟舨般盤	卝柑柑鬱鬱鬱鬱

해)설
반울은 뱀이 빙 둘러 서리듯 겹겹이 늘어선 모양을 나타낸다. 즉 2경에 선 궁전들의 웅장한 위용을 말하는 것이다.

宮	宮	宮					
殿	殿	殿					
盤	盤	盤					
鬱	鬱	鬱					

樓	觀	飛	驚
다락 루 木—11획	볼 관 見—18획	날 비 飛—0획	놀랄 경 馬—13획
十才柯柯柯樓樓	艹芒萑雚雚觀觀	乀飞飞飞邧飛飛	广苟苟敬驚驚驚

해)설
궁전의 다락과 망루는 하늘을 나는 듯 높이 솟아 그 장대한 기세는 보는 사람들이 놀랄 정도이다.

樓	樓	樓					
觀	觀	觀					
飛	飛	飛					
驚	驚	驚					

送舊迎新(송구영신) : 묵은 해를 보내고 새해를 맞음.

首邱初心(수구초심) : 여우가 죽을 때에는 살던 굴이 있는 쪽으로 머리를 두고 죽는다는 데서 나온 말. 고향을 그리는 마음을 비유한 말.

壽福康寧(수복강녕) : 오래 살고 행복하며 건강하고 편안함.

袖手傍觀(수수방관) : 팔짱을 끼고 보고만 있다는 뜻으로, 어떤 일을 당해도 옆에서 보고만 있는 것을 말함.

해설) 또한 궁전 안에는 새나 짐승을 그려 넣은 그림들이 벽을 장식하고 있다.

해설) 뿐만 아니라 신선이나 신령을 그린 그림도 화려하게 채색되어 있다.

水魚之交(수어지교) : 물과 물고기의 사귐이라는 뜻으로, 임금과 신하 또는 부부 사이처럼 매우 친하여 서로 떨어질 수 없는 관계를 말함.

是是非非(시시비비) : 옳고 그름을 가리는 일.

尸位素餐(시위소찬) : 직무를 다하지 못하면서 자리만 차지하고 녹을 받는 일.

始終一貫(시종일관) : 처음부터 끝까지 한결같이 밀고 나감.

食少事煩(식소사번) : 먹을 것은 적고 할 일은 많음.

병사방계 · 갑장대영

丙	舍	傍	啓
천간 병 ―4획	집 사 舌―2획	곁 방 人―10획	열 계 口―8획
一丆丙丙丙	人𠆢仌余全舍舍舍	亻仁仵侉侉傍傍	一丆戶戶戶啟啓

해설)
궁전에는 갑사(甲舍), 병사(丙舍), 을사(乙舍) 등 별채를 두었는데, 임금이 계신 정전(正殿) 곁으로 문을 내어 개방하였다.

甲	帳	對	楹
천간 갑 田―0획	휘장 장 巾―8획	대할 대 寸―11획	기둥 영 木―9획
1 冂冂日甲	冂巾帅帜帳帳	业业业堂對對	木朾朾柸楹楹

해설)
신을 섬기는 사당(祠堂)에 친 갑장이란 휘장은 크고 둥근 기둥에 맞서 늘어져 있다.

識字憂患(식자우환) : 글자를 아는 것이 오히려 근심이란 뜻으로, 어줍잖은 지식 때문에 일을 망치게 됨을 이르는 말.

信賞必罰(신상필벌) : 한 일에 따라 상벌을 공정하고 엄중하게 하는 일.

身言書判(신언서판) : 사람됨을 판단하는 네 가지 기준. 즉 신수(身手)와 말씨와 문필과 판단력을 가리킴.

神出鬼沒(신출귀몰) : 귀신과 같이 홀연히 나타났다 홀연히 사라짐.

肆筵設席

| 베풀 사 聿—7획 | 자리 연 竹—7획 | 베풀 설 言—4획 | 자리 석 巾—7획 |

해설) 임금이 궁전에서 신하를 불러 돗자리를 깔고 잔치를 베푸는 모습이다. 땅바닥에 까는 것을 연, 그 위에 까는 것을 석이라 한다.

사연설석 · 고슬취생

鼓瑟吹笙

| 북 고 鼓—0획 | 비파 슬 玉—9획 | 불 취 口—4획 | 저 생 竹—5획 |

해설) 궁전의 연회에는 주악(奏樂)이 따르나니, 북 치고 비파 뜯고 생황을 불어 흥을 돋군다.

身土不二(신토불이) : 우리의 몸과 태어난 땅은 하나. 즉 같은 땅에서 산출된 것이라야 체질에 가장 잘 맞는다는 말.

深思熟考(심사숙고) : 깊이 잘 생각함. 또는 그 생각. 곧 신중을 기하여 곰곰이 생각한다는 말.

十年知己(십년지기) : 오래 전부터 사귀어 온 친구.

十匙一飯(십시일반) : 열 술이면 한 끼의 밥이 된다는 뜻. 즉 여러 사람이 힘을 합하면 한 사람을 구원할 수 있다는 말.

승계납폐 · 변전의성

陞 階 納 陛

오를 승 阜—7획 | 계단 계 阜—9획 | 바칠 납 糸—4획 | 섬돌 폐 阜—7획

해설) 신하가 임금을 뵙는 일에는 법도가 있으니, 의관을 정제하고 직위에 따라 구분되어 있는 층계를 올라 궁전으로 들어갔다.

弁 轉 疑 星

고깔 변 廾—2획 | 구를 전 車—11획 | 의심할 의 疋—9획 | 별 성 日—5획

해설) 입궐하는 대신들의 관에 장식된 보석이 구르는 듯 찬란하여 하늘의 별인가 의심할 정도였다.

[ㅇ]

阿鼻叫喚(아비규환) : 많은 사람이 지옥 같은 고통을 못 이겨 부르짖는 소리. 심한 참상을 형용하는 말.

我田引水(아전인수) : 자기 논에 물 대기. 즉 자기에게만 이롭게 되도록 생각하거나 행동함을 뜻하는 말.

眼高手卑(안고수비) : 눈은 높으나 손은 낮음. 즉 이상은 높지만 제대로 실천을 하지 못함을 이르는 말.

右通廣內

해설
궁전의 오른쪽은 광내전(廣內殿)으로 통한다. 광내전은 도서를 취급하는 국립 도서관이었다.

오른 우	口—2획	통할 통	辶—7획	넓을 광	广—12획	안 내	入—2획
ノナオ右右		丆丙甬甬通通		广产产庐庐庙廣廣		丨冂内内	

左達承明

해설
또한 왼쪽은 승명려(承明廬)에 이른다. 이곳은 국사를 담당하는 대신들의 휴게실과 신하들의 숙직실을 겸하던 곳이었다.

왼 좌	工—2획	도달할 달	辶—9획	이을 승	手—4획	밝을 명	日—4획
一ナ左左左		土圥去幸幸達達		了了了手承承承		丨冂日日明明明	

安貧樂道(안빈낙도) : 구차하고 가난한 생활 속에서도 편안한 마음으로 도를 즐김. 여기서 도는 학문이나 자연을 말함.

眼下無人(안하무인) : 눈 아래에 사람이 없음. 즉 스스로 교만하여 다른 사람들을 업신여김.

暗中摸索(암중모색) : 어두운 가운데에서 더듬어 찾는다는 뜻으로, 확실한 방법을 모른 채 어림으로 맞히는 것을 말함.

藥房甘草(약방감초) : 무슨 일에나 빠지지 않고 꼭 끼는 사람이나 물건.

부수로 배워보는 한자 5

갑골문 전문

풀이 옷깃을 여민 모양을 나타낸 것이다. 衣가 부수로 쓰일 때에는 衤의 형태가 되어, 옷의 상태, 그에 관한 동작을 나타낸다.

[初] 衤+刀
처음(초)
칼(刀)로 옷(衤)을 마름질하는 것은 옷을 만드는 처음의 단계이므로, 이에서 나아가 어떤 일의 처음을 나타냄. *시초(始初).

[被] 衤+皮
입을(피)
皮(피)는 가죽을 나타내므로 '가죽으로 된 옷을 입다, 옷을 덮어쓰다, 나아가서 어떤 행동을 뒤집어쓰게 되다'란 뜻이 되었다. *被害(피해).

[裂] 列+衣
찢을(렬)
列(렬)이 본자(本字)이나, 衣를 더하여 옷을 잘라 찢다란 뜻에서 비롯되었다. *분열(分裂).

갑골문 전문

풀이 뿔이 달린 소를 그린 것이다. 부수로 쓰여 소를 키우고 부리는 일에 관한 한자를 만든다.

[牧] 牛+攵
다스릴(목)
손에 회초리를 들고 소를 몬다는 데서 '동물을 기르다'라는 뜻이 되었다. *목장(牧場).

[物] 牛+勿
물건(물)
소는 농가에서 가지고 있는 물건 중 대표적이라 하여 널리 '물건'의 뜻이 되었다. *물건(物件).

[特] 牛+寺
특별할(특)
소는 제사에 많이 쓰이므로 특히 소중히 다루었다는 데서 '특별'이란 뜻이 되었다. *특별(特別).

旣	集	墳	典	**해설** 광내전에 이미 분과 전을 모았으니, 분전이란 삼분오전으로, 중국의 성군들인 삼황오제(三皇五帝)의 경전을 일컫는다.
이미 기 无—7획	모을 집 隹—4획	봉분 분 土—12획	법 전 八—6획	
旣	集	墳	典	
旣				
集				
墳				
典				

亦	聚	群	英	**해설** 또한 전국 방방곡곡에서 뛰어난 인재들을 모아 분전을 강론하여 치국(治國)의 도를 밝히었다.
또 역 亠—4획	모을 취 耳—8획	무리 군 羊—7획	영웅 영 艸—5획	
亦	聚	群	英	
亦				
聚				
群				
英				

弱肉強食(약육강식) : 약한 자의 고기를 강한 자가 먹는다는 뜻으로, 약한 자가 강한 자에게 지배당함을 이르는 말.

羊頭狗肉(양두구육) : 양의 머리를 내걸고 개고기를 판다는 뜻. 겉모양은 훌륭하나 속은 변변치 못함.

兩手執餠(양수집병) : 두 손에 떡을 쥔 격으로, 가지기도 어렵고 버리기도 힘든 경우를 말함.

兩者擇一(양자택일) : 두 사람 또는 두 물건 중에서 하나를 선택함.

두고종례 · 칠서벽경

杜藁鍾隸

아가위 두 木—3획	짚 고 艸—14획	술병 종 金—9획	글씨 례 隶—8획
一 十 才 木 杜 杜	艹 艹 芦 苩 萏 蒿 藁	스 金 金 釿 鋸 鍾 鍾	士 耒 素 素' 耕 耕 隸

해설) 후한의 두백도(杜伯度)는 초서(草書)에, 위나라의 서예가이자 정치가였던 종요(鍾繇)는 예서(隸書)에 뛰어난 명필이었다.

漆書壁經

옻 칠 水—11획	글씨 서 曰—6획	벽 벽 土—13획	경서 경 糸—7획
氵 氵 氵 泍 漆 漆 漆	一 一 亖 聿 書 書	' 尸 启 启' 辟 壁	幺 幺 糸 糽 經 經 經

해설) 옛날에는 대나무에 옻으로 글씨를 썼는데, 공자(孔子)의 집 벽에서 발견한 『논어』와 『효경』도 이것으로 쓴 것이었다.

養虎遺患(양호유환) : 호랑이를 길러 근심거리를 남긴다는 뜻으로, 화근이 될 것을 길러 나중에 화를 당함을 비유한 말.

魚頭肉尾(어두육미) : 물고기는 머리, 짐승은 꼬리 부분이 맛이 좋다는 뜻.

漁夫之利(어부지리) : 도요새가 조개를 쪼아 먹으려다가 물리어 서로 다투고 있을 때, 어부가 와서 둘을 다 잡았다는 고사에서 나온 말로, 두 사람이 서로 이익을 위하여 다투고 있을 때, 제삼자가 그 이익을 가로채 가는 것을 말함.

府羅將相

해설) 국방을 맡은 장수와 국정을 살피는 정승이 부에 늘어서 임금을 알현한다. 부(府)는 관청 사무를 처리하는 곳이다.

관청 부 广—5획	벌일 라 罒—14획	장수 장 寸—8획	정승 상 目—4획
亠广广庄府府	罒罒罖罥羅羅	丬爿胙將將將	一十才相相相

路俠槐卿

해설) 대신들의 집이 큰 길을 끼고 들어선 모습을 그린 것이다. 옛날 주나라에서는 홰나무를 심어 3공(三公)의 좌석을 표시하였다.

길 로 足—6획	낄 협 人—7획	홰나무 괴 木—10획	벼슬 경 卩—10획
足足趵趵路路	亻仁仨伢俠俠	木柜桾榑槐槐	ㄏㄅ卯卿卿卿

語不成說(어불성설) : 하는 말이 조금도 사리에 맞지 않음.

億兆蒼生(억조창생) : 수많은 백성. 수많은 세상 사람.

言中有骨(언중유골) : 말 속에 뼈가 있음. 하는 말이 예사롭고 순한 듯하나 단단한 뼈 같은 속뜻이 들어 있음을 이름.

言則是也(언즉시야) : 말인즉 이치가 맞음. 하기야 그 말이 옳다는 뜻.

與民同樂(여민동락) : 백성과 더불어 즐김.

호봉팔현 · 가급천병

戶封八縣

집 호 戶—0획	봉할 봉 寸—6획	여덟 팔 八—0획	고을 현 糸—10획
一厂戶戶	一十土圭±–封封	ノ八	丨目且県県縣縣縣

해설
진시황(秦始皇)은 공신들에게 8현의 호(곧 민가)에서 나는 조세를 수입으로 삼도록 하였다.

家給千兵

집 가 宀—7획	줄 급 糸—6획	일천 천 十—1획	군사 병 八—5획
宀宀宀宀宁家家家	幺幺糸糸糸糸給給	一二千	ノ亻斤丘丘兵兵

해설
또한 공신에게는 천 명이나 되는 군사들을 주어 그의 명령에 따르도록 하였다.

如出一口(여출일구) : 한 사람의 입에서 나온 것처럼 여러 사람의 말이 같음.

易地思之(역지사지) : 처지를 바꾸어서 생각함.

五里霧中(오리무중) : 짙은 안개 속에서 길을 찾기 어려운 것처럼 무슨 일에 대하여 알 길이 없거나 마음을 잡지 못하여 허둥지둥함을 이름.

寤寐不忘(오매불망) : 자나깨나 잊지 못함.

吾鼻三尺(오비삼척) : 내 코가 석자. 자신의 처지가 어려워 남의 어려운 점을 돌볼 겨를이 없다는 뜻.

高 冠 陪 輦

| 높을 고 高—0획 | 갓 관 冖—7획 | 모실 배 阜—8획 | 연 련 車—8획 |

해설) 높은 관을 쓴 대신이 임금의 수레를 모시는 모습으로 임금 행차의 위의를 말한다. 연(輦)은 임금이 타는 수레를 일컫는다.

驅 轂 振 纓

| 말몰 구 馬—11획 | 바퀴 곡 車—10획 | 움직일 진 手—7획 | 끈 영 糸—17획 |

해설) 임금께서 타신 이 옥연(玉輦)이 달리면 바퀴 소리 또한 요란하고, 대신들 머리의 갓끈마저 흔들리니 그 위의가 하늘을 찌른다.

烏飛梨落(오비이락) : 까마귀 날자 배 떨어진다는 뜻으로, 공교롭게도 어떤 일이 같은 때에 일어나 남의 의심을 받게 됨을 이르는 말.

傲霜孤節(오상고절) : 서릿발이 심한 속에서도 절대 굴하지 않고 외로이 지키는 절개라는 뜻으로, 국화를 두고 하는 말.

五十步百步(오십보백보) : 전쟁에서 오십보를 후퇴한 사람이 백보를 후퇴한 사람을 보고 비겁하다고 비웃지만 결국 후퇴했다는 본질에는 차이가 없다는 뜻.

세록치부·거가비경

世祿侈富

대대 세 一—4획	녹봉 록 示—8획	풍부할 치 人—6획	부자 부 宀—9획
一十卅世	千禾礻礽秹秹祿	亻亻侈侈侈侈	宀宀宁宫宫富富富

해설
임금께서는 공신들에게 자자손손 풍부하게 살 수 있도록 세록을 내려 예우하였다.

車駕肥輕

수레 거 車—0획	멍에 가 馬—5획	살찔 비 肉—4획	가벼울 경 車—7획
一厂厅戸百車	力加加智駕駕駕	丿刀月月'月'肥肥	一戸百車'輕輕輕

해설
수레를 끄는 말은 살이 찌고 튼튼해져 아무리 무거운 물건도 가볍게 끌 수 있었다. 거가란 공신들이 타고 다니는 수레이다.

吳越同舟(오월동주) : 서로 적의를 품은 자들이 같은 처지나 한자리에 놓임을 가리킴. 서로 반목하면서도 공통의 곤란이나 이해에 대하여 협력하는 일의 비유.

烏合之卒(오합지졸) : 까마귀 떼가 모인 것같이 질서 없이 모여 있는 군사. 즉 형편없는 군사를 이름.

屋上架屋(옥상가옥) : 지붕 위에 또 지붕을 얹는다는 말로, 무익하게 거듭함을 비유.

溫故知新(온고지신) : 옛 것을 익히고 새것을 앎.

策 功 茂 實

꾀할 책 竹—6획	공 공 力—3획	무성할 무 艸—5획	찰 실 宀—11획
⺮⺮⺮笋笋第策	一丁工功功	一艹艹艹茂茂茂	宀宀宀宁宵實實

해설) 공신에게는 이렇듯 그 공을 기려 부귀영화를 내리니 다른 신하들도 이를 본받아 공을 많이 세웠다.

策
功
茂
實

勒 碑 刻 銘

굴레 륵 力—9획	비석 비 石—8획	새길 각 刀—6획	새길 명 金—6획
一廿廿革革勒勒	一厂石矿砷碑碑	丶亠十步亥亥刻	ノ𠂉金金釒釒銘

해설) 그가 죽으면 임금께서는 그가 세운 공적을 비석에 새겨 후세에까지 전하도록 하였다.

勒
碑
刻
銘

臥薪嘗膽(와신상담) : 섶에 눕고 쓸개를 맛봄. 즉 목적한 것을 달성하기 위하여 온갖 괴로움을 참고 견딘다는 뜻.

樂山樂水(요산요수) : 산을 좋아하고 물을 좋아함. 즉 산수의 경치를 좋아함을 말함.

燎原之火(요원지화) : 들판에 붙은 불길. 즉 빠른 속도로 퍼지는 세력을 비유함.

窈窕淑女(요조숙녀) : 언행이 단정한 여자.

龍頭蛇尾(용두사미) : 시작은 거창하나 끝은 흐지부지하고 좋지 않음.

磻溪伊尹

돌 반 石—12획	시내 계 水—10획	성 이 人—4획	다스릴 윤 尸—1획
厂石石矿矿磻磻	氵氵汀泌溪溪溪	ノイ亻尹伊伊	フユヨ尹

해설
주나라 문왕(文王)은 반계에서 강태공을 맞이했고, 은나라 탕왕(湯王)은 신야(新野)에서 이윤을 맞아 나라를 다스렸다.

佐時阿衡

도울 좌 人—5획	때 시 日—6획	언덕 아 阜—5획	저울 형 行—10획
ノイ亻仁佐佐佐	日日日時時時	′ㄱ阝阝阝阿阿	彳彳行徉徫徫衡

해설
은나라의 재상 이윤이 하나라 폭군 걸왕(桀王)을 내몰고 국태민안(國泰民安)을 가져오니 탕왕이 그를 일러 아형이라 하였다.

龍味鳳湯(용미봉탕) : 맛이 매우 좋은 음식의 비유.

龍蛇飛騰(용사비등) : 용이 하늘로 오르는 것같이 활기차게 느껴지는 필력을 비유.

優柔不斷(우유부단) : 줏대 없이 어물거리고 딱 잘라 결단을 내리지 못함.

牛耳讀經(우이독경) : 소 귀에 경 읽기. 즉 아무리 일러도 알아듣지 못해 효과가 없다는 뜻.

雨後竹筍(우후죽순) : 어떤 일이 일시에 많이 일어남을 비유한 말.

奄宅曲阜

해설) 주나라의 성왕(成王)이 어려서 임금이 된 자신을 오랫동안 보필해준 주공(周公)에게 보답하고자 곡부에 큰 집을 지어 주었다.

문득 엄 大—5획	집 택 宀—3획	굽을 곡 曰—2획	언덕 부 阜—0획
一ナ大太存存奄	丶丶宀宀宅	丨 口 巾 曲 曲 曲	丿 亻 白 自 皁 阜

微旦孰營

해설) 단이 아니었다면 누가 곡부의 그 거대한 집을 잘 경영할 수 있었겠는가. 단은 주공의 이름이다.

작을 미 彳—10획	아침 단 日—1획	누구 숙 子—8획	경영할 영 火—13획
彳彳袢袢袢微微	丨 口 日 日 旦	亠 亠 亨 享 享 孰 孰	丶 丶 艹 炏 炏 營 營 營

雲泥之差(운니지차) : 차이가 심함을 이름.

韋編三絶(위편삼절) : 책을 맨 가죽 끈이 세 번이나 끊어짐. 즉 되풀이하여 열심히 읽었다는 뜻. 공자가 역경(易經)을 애독한 고사에서 비롯한 말.

有口無言(유구무언) : 입은 있으나 할 말이 없음. 즉 변명할 말이 없음.

類萬不同(유만부동) : 많은 종류의 것이 있어도 서로 같지 않음.

有名無實(유명무실) : 이름만 있고 실속은 없음.

桓公匡合

해설) 제나라 환공은 작은 나라의 왕들을 굳게 뭉치게 하여 초나라를 물리치고 천하를 바로잡았다.

굳셀 환 木—6획	벼슬이름 공 八—2획	바를 광 匚—4획	모을 합 口—3획
十 扩 桓 桓 桓 桓 桓	ノ 八 公 公	一 丁 三 丁 王 匡	ノ 入 合 合 合 合

桓 / 桓 / 桓
公 / 公 / 公
匡 / 匡 / 匡
合 / 合 / 合

濟弱扶傾

해설) 또한 그는 약하고 기울어져 가는 나라를 도와 구제해 주었다.

건질 제 水—14획	약할 약 弓—7획	도울 부 手—4획	기울 경 人—11획
氵沪泙泙濟濟濟	ㄱ ㅋ 弓 弓 弱 弱	一 十 扌 扌 扚 扶	亻 作 作 佰 傾 傾

濟 / 濟 / 濟
弱 / 弱 / 弱
扶 / 扶 / 扶
傾 / 傾 / 傾

流芳百世(유방백세) : 꽃다운 이름이 후세에 길이 전함.

唯我獨尊(유아독존) : 오직 나만이 훌륭하다는 뜻.

有耶無耶(유야무야) : 결과가 있는지 없는지 흐리멍텅함.

流言蜚語(유언비어) : 아무런 근거 없이 떠돌아다니는 소문.

類類相從(유유상종) : 같은 무리끼리 서로 내왕하며 사귐.

기회한혜 · 열감무정

綺回漢惠

| 綺 비단 기 糸—8획 | 回 돌아올 회 口—3획 | 漢 한나라 한 水—11획 | 惠 은혜 혜 心—8획 |

해설
진나라 네 현인(賢人) 가운데 한 사람인 기리계(綺里季)가 위험에 빠진 한나라 태자 혜를 도와 주었다.

說感武丁

| 說 기쁠 열 言—7획 | 感 느낄 감 心—9획 | 武 날랠 무 止—4획 | 丁 장정 정 一—1획 |

해설
은나라 고종(高宗) 때의 부열(傅說)은 토목 공사장의 일꾼이었다가 재상으로 발탁, 중흥의 위업을 달성하여 무정을 감동시켰다.

肉跳風月(육도풍월) : 글자의 뜻을 잘못 써서 알아보기 어렵고 가치 없는 한시.

隱忍自重(은인자중) : 마음 속에 참고 견디면서 신중을 기함.

陰德陽報(음덕양보) : 남모르게 쌓은 덕은 후일에 버젓하게 복을 받게 마련임.

吟風弄月(음풍농월) : 맑은 바람과 밝은 달을 시로 읊으며 즐거이 놂.

以死爲限(이사위한) : 죽기를 각오하고 일을 해 나감.

준예밀물 · 다사식녕

俊	乂	密	勿
준걸 준 人—7획	재주 예 丿—1획	빽빽할 밀 宀—8획	말 물 勹—2획
亻亻亻俨俨俊俊	丿乂	宀宀宓宓密密	勹勹勿勿

해설) 준걸과 재사들이 모여 열심히 일한다. 준(俊)은 천 사람 중에서, 예(乂)는 백 사람 중에서 가장 뛰어난 이를 가리킨다.

俊	俊	俊			
乂	乂	乂			
密	密	密			
勿	勿	勿			

多	士	寔	寧
많을 다 夕—3획	선비 사 士—0획	이 식 宀—9획	편안 녕 宀—11획
丿ク夕多多多	一十士	宀宁宁宔寔寔	宀宀宓宓宓寧寧

해설) 이처럼 바른 인재들이 많아 각자 맡은 일을 훌륭히 처리해 나가니 나라는 저절로 편안하고 태평스러웠다.

多	多	多			
士	士	士			
寔	寔	寔			
寧	寧	寧			

以實直告(이실직고) : 사실 그대로 고함.

以心傳心(이심전심) : 말이나 글을 통하지 않고 마음에서 마음으로 전해진다는 말. 즉 마음으로 이치를 깨닫게 한다는 뜻.

二律背反(이율배반) : 서로 모순되는 두 개의 명제. 즉 정립(定立)과 반립(反立)이 동등하게 주장되는 일.

李下不整冠(이하부정관) : 오얏나무 아래서는 갓을 고쳐 쓰지 말라는 뜻으로, 남에게 의심받을 만한 일은 아예 하지 말라는 말.

晋楚更霸

晋	楚	更	霸
나라 진 日—6획	나라 초 木—9획	다시 갱 日—3획	으뜸 패 雨—13획
一 丅 丌 吾 晋 晋 晋	木 林 梺 梺 梺 楚 楚	一 厂 丙 丙 更 更	一 广 雪 雪 霏 霸 霸

해설) 진(晋)나라의 문공(文公)과 초(楚)나라의 장왕(莊王)이 제의 환공 이후 새로운 강자로 등장, 차례로 패자(霸者)가 되었다.

趙魏困橫

趙	魏	困	橫
나라 조 走—7획	나라 위 鬼—8획	곤란할 곤 囗—4획	비낄 횡 木—12획
土 キ 走 走 赳 赳 趙 趙	二 禾 秀 魏 魏 魏 魏	丨 冂 冂 闲 困 困	木 杧 松 橫 橫 橫

해설) 진(秦)나라 사람 장의(張儀)는 연횡설(連橫說)을 주장하여 약소국인 조나라와 위나라를 곤란하게 만들었다.

耳懸鈴鼻懸鈴(이현령비현령) : 귀에 걸면 귀걸이, 코에 걸면 코걸이라는 말로, 이렇게도 저렇게도 될 수 있음을 비유.

益者三友(익자삼우) : 사귀어 유익한 세 벗. 즉 정직한 사람, 신의가 있는 사람, 학식이 있는 사람을 가리킴.

因果應報(인과응보) : 좋은 일에는 좋은 결과가, 나쁜 일에는 나쁜 결과가 따름.

人面獸心(인면수심) : 마음이나 행동이 몹시 흉악함.

부수로 배워보는 한자 6

갑골문 刀　　전문 刀

풀이 칼의 모양을 본떠 만든 글자이다. 부수로 쓰이면 刂가 되는데, 칼날이 있는 물건 또는 칼로 베다라는 뜻을 나타낸다.

[切] 七+刀
끊을(절)
　　칼질을 하여 여럿으로 나누어 끊는다는 뜻이다. *절단(切斷).

[刑] 开+刂
형벌(형)
　　开(견)은 틀이나 거푸집을 본뜬 것이다. 죄수를 형틀에 매고 칼로 벤다 하여 '형벌'의 뜻이 되었다. *형벌(刑罰).

[利] 禾+刂
이로울(리)
　　농작물(禾)을 날카로운 칼(刀)로 베어 수확을 하다. 또는 수확을 하는 일은 이로운 일이므로 '이롭다'라는 뜻이 되었다. *이익(利益).

갑골문 　　전문 食

풀이 밥을 그릇에 두둑이 담은 모양을 본뜬 것으로, 음식 또는 먹는 것과 관계되는 글자를 이룬다. 부수로 쓰일 때는 飠으로 변형된다.

[飮] 飠+欠
마실(음)
　　밥을 먹을 때와 같이 입을 벌리고서(欠) 물이나 술 따위를 마신다는 뜻이다. *음료(飮料).

[飯] 飠+反
밥(반)
　　밥을 먹을 때 숟가락을 든 손이 밥그릇으로 갔다가 입으로 되돌아온다는 데서 '밥', 또는 '먹다'란 뜻이 되었다. *반찬(飯饌).

[飽] 飠+勹+巳
배부를(포)
　　巳(사)는 태아를 가리키는 것으로 여자가 임신을 하여 배가 부른 상태를 말한다. 食과 만나 음식을 먹어서 배가 부른 상태를 나타낸다. *포식(飽食).

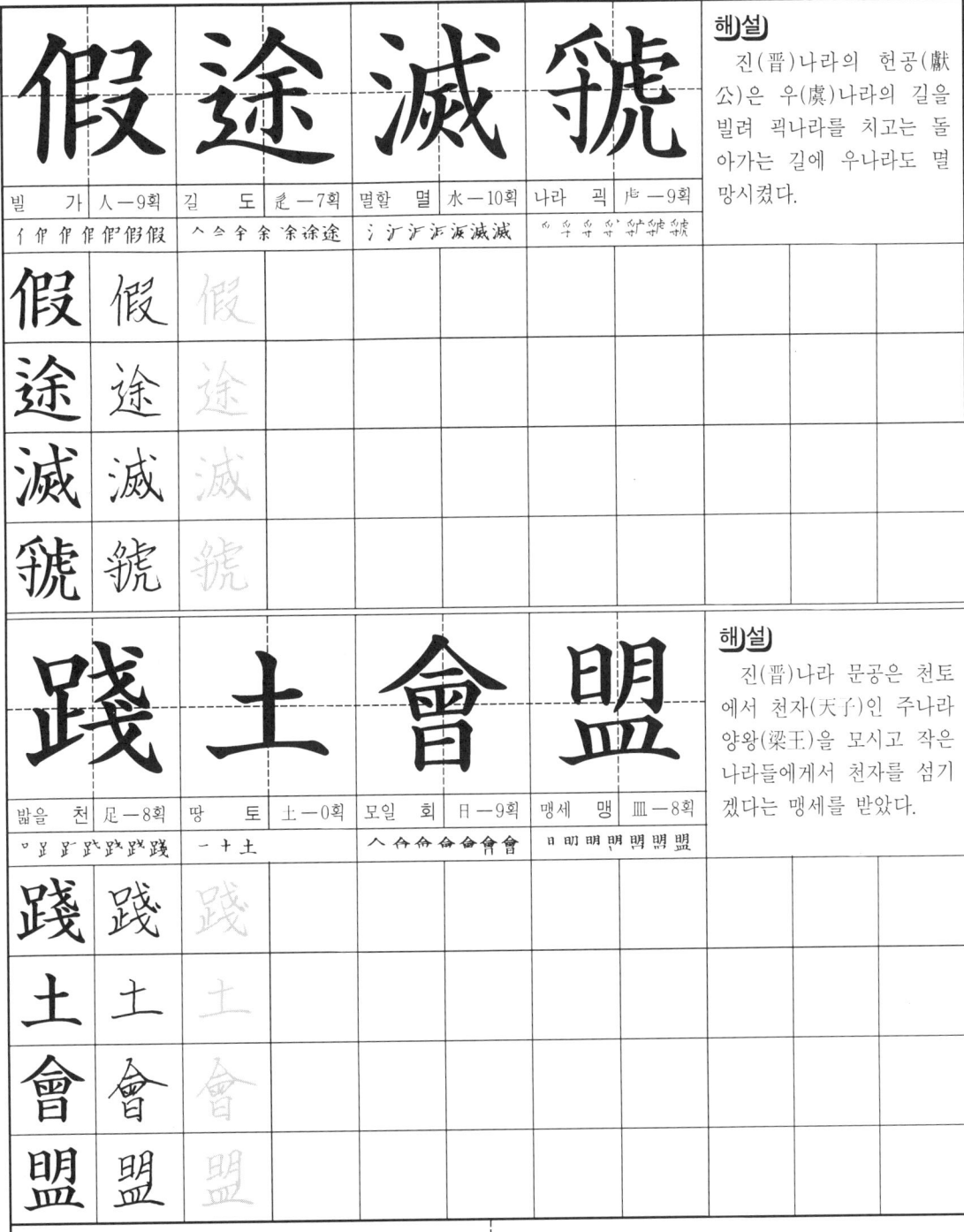

人命在天(인명재천) : 목숨은 하늘에 달려 있으므로 사람의 뜻대로 되지 않는다는 뜻.
因循姑息(인순고식) : 구습을 고치지 않고 눈앞의 편안함만 취함.
仁者無敵(인자무적) : 어진 사람은 모든 사람이 그를 따르므로 천하에 적이 없음.
一刻千金(일각천금) : 극히 짧은 시각도 천금처럼 아깝고 소중함.
一擧兩得(일거양득) : 한 가지 일을 하여 두 가지 이득을 봄.

하준약법 · 한폐번형

何遵約法

어찌 하	좇을 준	간략할 약	법 법
人—5획	辵—12획	糸—3획	水—5획
ノイ仁仃何何何	一 两 酉 酋 尊 尊 遵	ノ幺糸糸約約約	・氵氵汁汁法法

해설) 한나라 고조가 진나라를 멸한 후 나라에 범법사건이 늘자 명신 소하(蕭何)는 세 가지 간소화된 법을 만들어 다스렸다.

韓弊煩刑

성 한	폐단 폐	번거로울 번	형벌 형
韋—8획	廾—12획	火—9획	刀—4획
十 古 卓 韓 韓 韓	丷 屵 肖 敝 敝 弊	・火 灯 灯 煩 煩 煩	一 二 于 开 刑 刑

해설) 반면에 춘추 시대 말의 법학자 한비자(韓非子)가 제정한 법은 번거롭고 가혹하여 도리어 많은 폐해를 가져왔다.

一騎當千(일기당천) : 한 사람의 기병이 천 사람의 적을 당해 낸다는 말로, 무예가 아주 뛰어남을 비유한 말.

一望無際(일망무제) : 아득하게 끝없이 멀어 눈을 가리는 것이 없음.

一網打盡(일망타진) : 한꺼번에 모조리 잡아들임.

一脈相通(일맥상통) : 생각이나 처지 등이 한 줄기로 서로 통함.

一絲不亂(일사불란) : 질서가 정연하여 조금도 흐트러진 데가 없음.

起 翦 頗 牧

| 일어날 기 | 起—3획 | 갈길 전 | 羽—9획 | 자못 파 | 頁—5획 | 칠 목 | 牛—4획 |

士 キ キ 走 起 起 / 产 前 前 前 煎 翦 / 广 广 皮 皮 頗 頗 頗 / ˊ ㄣ ㄠ 生 牜 牧 物 牧

해설) 명장으로는 조나라를 격파한 백기(白起), 초나라를 정벌한 왕전(王翦), 제나라를 친 염파(廉頗), 그리고 이목(李牧)을 꼽는다.

用 軍 最 精

| 쓸 용 | 用—0획 | 군사 군 | 車—2획 | 가장 최 | 日—8획 | 정밀할 정 | 米—8획 |

丿 冂 月 月 用 / 冖 冖 冃 宣 宣 軍 / 日 旦 旦 昌 昌 最 / 丷 ㄚ 米 米 粋 精 精

해설) 이 네 장수는 군략(軍略)과 용병(用兵)에 뛰어나 군대를 잘 훈련시켰고, 그 전략은 한치의 빈틈도 없었다.

―瀉千里(일사천리) : 물의 흐름이 빨라서 한 번 흐르면 천 리 밖에 다다른다는 말로, ① 어떤 일이 매우 빨리 진행됨을 이르기도 하고, ② 문장력이나 말솜씨 등이 거침없음을 이르기도 함.

―魚濁水(일어탁수) : 물고기 한 마리가 물을 흐리게 하듯 한 사람의 잘못으로 인하여 여러 사람이 피해를 입게 된다는 뜻.

―言以蔽之(일언이폐지) : 한 마디의 말로 전체의 뜻을 모두 전달함.

―言之下(일언지하) : 한 마디로 잘라 말함.

宣威沙漠

베풀 선 宀—6획	위엄 위 女—6획	모래 사 水—4획	사막 막 水—11획
宀宁宁宁宁宣宣	厂厂厂厉威威威	丶丶氵氵沙沙沙	氵氵沪沺淮漠漠

해설
이 장수들은 싸울 때마다 이겨 그 위세를 북방 오랑캐들이 사는 사막에까지 떨쳤다.

宣 宣 宣
威 威 威
沙 沙 沙
漠 漠 漠

馳譽丹靑

달릴 치 馬—3획	기릴 예 言—14획	붉을 단 丶—3획	푸를 청 靑—0획
厂厂馬馬馴馳馳	灬灬兴兴兴舉譽	丿刀月丹	二十主丰靑靑靑

해설
한나라 선제는 기린각(麒麟閣)에 11명의 공신을, 후한의 명제는 운대(雲臺)에 32명의 공신을 그리도록 하여 명예를 기렸다.

馳 馳 馳
譽 譽 譽
丹 丹 丹
靑 靑 靑

- 一言千金(일언천금) : 한 마디의 말이 천금의 가치가 있음.
- 一與一奪(일여일탈) : 주기도 하고 혹은 빼앗기도 함.
- 一葉知秋(일엽지추) : 나뭇잎 하나 떨어지는 것을 보고 가을이 오는 것을 안다는 뜻으로, 사소한 일을 통해 장차 큰 일을 미리 짐작한다는 말.
- 一場春夢(일장춘몽) : 한바탕의 봄꿈처럼 덧없는 영화.

九州禹跡

해설) 하(夏)나라의 우(禹) 임금은 나라를 9주로 나누어 다스렸는데, 그 발자취가 닿지 않은 곳이 없었다.

아홉 구	乙―1획	고을 주	川―3획	임금 우	内―4획	자취 적	足―6획
ノ九		、丿扌州州		一丆币呙禹禹禹		口呈趵趵跡跡跡	

百郡秦幷

해설) 진시황은 천하를 통일하고 각각의 군주가 통치하고 있던 6국을 합쳐 전국을 100개의 군(郡)으로 나누어 다스렸다.

일백 백	白―1획	고을 군	邑―7획	나라 진	禾―5획	합할 병	干―5획
一丆丆百百百		一ヨ尹君君郡郡		二丰夫表夹秦秦		・二于ギ丼丼	

―觸卽發(일촉즉발) : 한 번 닿기만 해도 이내 폭발함. 즉 사소한 동기로도 크게 터질 수 있는 아슬아슬한 형세.

日就月將(일취월장) : 하루가 다르게 진보함. 날로 진보하여 감.

―片丹心(일편단심) : 변치 않는 참된 마음.

―筆揮之(일필휘지) : 단숨에 글씨를 쓰거나 그림을 그림.

―攫千金(일확천금) : 힘 안 들이고 한꺼번에 많은 재물을 얻음.

해설) 옛날 중국에는 큰 산이 다섯 있었는데, 그중 항산(恒山)과 태산(泰山)을 근본으로 삼았다. 태산은 대산(岱山)의 다른 이름이다.

嶽	宗	恒	岱
큰산 악 山—14획	근본 종 宀—5획	항상 항 心—6획	대산 대 山—5획

해설) 먼저 태산에서 천신(天神)에게 제사를 드리고, 운운산과 정정산에서 지신(地神)에게 제사를 드려 나라의 안녕을 빌었다.

禪	主	云	亭
터닦을 선 示—12획	임금 주 丶—4획	이를 운 二—2획	정자 정 亠—7획

臨渴掘井(임갈굴정) : 목이 말라서야 우물을 팜. 즉 미리 준비하여 두지 않고 있다가 일이 급해서야 허둥지둥댐.

臨機應變(임기응변) : 그때 그때의 형편에 따라 융통성 있게 처리함.

臨戰無退(임전무퇴) : 싸움에 임하여 물러나지 아니함. 세속오계 중 하나.

立身揚名(입신양명) : 몸을 세워 이름을 날림. 즉 사회에서 지위를 얻어 출세하여 세상에 이름을 드러냄을 뜻함.

鴈門紫塞

해설) 산서성(山西省) 북쪽으로는 기러기가 쉬어가는 안문관이, 동서로는 흙빛이 붉은 만리장성이 둘러 있다.

기러기 안 鳥—4획	문 문 門—0획	붉을 자 糸—5획	막을 새 土—10획
厂圧圧庐雁鴈	丨冂冂門門門	丨止此柴紫紫	宀宀宀寒実寒塞

鴈 鴈
門 門
紫 紫
塞 塞

鷄田赤城

해설) 변두리에 있는 땅들을 설명한 것으로, 북쪽에는 계전이 있고, 남쪽에는 붉은 돌이 많아 이름 붙여진 적성이 있다.

닭 계 鳥—10획	밭 전 田—0획	붉을 적 赤—0획	재 성 土—7획
爫奚奚鄰鷄鷄	丨冂曰田田	一十土卡赤赤赤	土圵圹坜城城城

鷄 鷄
田 田
赤 赤
城 城

[ㅈ]

自家撞着(자가당착) : 자기가 한 말이나 행동의 앞뒤가 맞지 않고 서로 모순됨.

自繩自縛(자승자박) : 제 새끼로 제 목 매기. 즉 자신의 언행으로 인해 자기가 속박을 받게 된다는 뜻.

自中之亂(자중지란) : 자기네 패 속에서 일어나는 싸움.

自初至終(자초지종) : 처음부터 끝까지 이르는 동안.

곤지갈석 · 거야동정

昆 池 碣 石

맏 곤 日—4획	연못 지 水—3획	돌 갈 石—9획	돌 석 石—0획
口日月阜昆昆	丶冫氵池池	丆石矽碣碣碣	一ブ丆石石

해설) 곤지는 한나라 무제(武帝)가 수군(水軍)을 훈련 시키기 위해 장안 서남쪽에 파놓은 연못이요, 갈석산은 동해가에 있었다.

昆	昆	昆					
池	池	池					
碣	碣	碣					
石	石	石					

鉅 野 洞 庭

클 거 金—5획	들 야 里—4획	고을 동 水—6획	뜰 정 广—7획
牟金金釦鉅鉅	口日里野野野	丶冫氵汩洞洞洞	广广广庄庭庭庭

해설) 거야는 중국 북방 산동성(山東省)에 있는 광활한 들이며, 동정호는 호남성(湖南省)에 위치한 중국 제일의 호수이다.

鉅	鉅	鉅					
野	野	野					
洞	洞	洞					
庭	庭	庭					

自暴自棄(자포자기) : 절망 상태에 빠져서 자신을 버리고 돌보지 아니함. 곧 스스로 자신을 학대하고 자신을 내던져 될 대로 되라고 하는 것.

自畵自讚(자화자찬) : 자기가 그린 그림을 자기가 칭찬함. 즉 자기가 한 일을 자기 스스로 칭찬함을 이르는 말.

作心三日(작심삼일) : 품은 마음이 사흘을 못감. 즉 결심이 굳지 못함을 빗대어 이르는 말.

張三李四(장삼이사) : 장씨의 삼남과 이씨의 사남이란 뜻으로, 평범한 사람들을 가리킴.

曠遠綿邈

해설
중국 대륙은 매우 넓고 광활한데, 산과 호수 그리고 평야 등이 솜에서 뽑아 낸 실처럼 아득하고 멀리 이어져 있다.

| 넓을 광 | 日—15획 | 멀 원 | 辶—10획 | 솜 면 | 糸—8획 | 멀 막 | 辶—14획 |

巖岫杳冥

해설
9주에 솟은 산들의 우람한 모습을 나타낸 것으로, 이 산들에 있는 골짜기의 암석과 암석 사이는 동굴과도 같이 깊고 어둡다.

| 바위 암 | 山—20획 | 메뿌리 수 | 山—5획 | 아득할 묘 | 木—4획 | 어두울 명 | 宀—8획 |

才勝德薄(재승덕박) : 재주는 있으나 덕이 모자람.

賊反荷杖(적반하장) : 도둑이 도리어 매를 든다는 뜻으로, 잘못한 사람이 오히려 잘한 사람을 나무라는 경우에 쓰는 말.

積小成大(적소성대) : ① 작은 것도 쌓이면 큰 것이 됨. ② 작은 것도 모아 쌓으면 많아짐.

赤手空拳(적수공권) : 아무것도 가진 게 없음.

電光石火(전광석화) : 번개와 돌을 쳐서 나는 불. 대단히 빠름을 비유.

치본어농 · 무자가색

治本於農

다스릴 치 水—5획	근본 본 木—1획	어조사 어 方—4획	농사 농 辰—6획
⺀⺀氵氵治治治	一十才木本	⺀亠方汀於於	口曲曲芦芦農農

해설
옛날부터 임금은 농사로써 나라 다스리는 근본을 삼았다.

務玆稼穡

힘쓸 무 力—9획	이 자 艸—6획	심을 가 禾—10획	거둘 색 禾—13획
卩予矛矛敄務務	⺀⺀⺀兹兹兹	二手禾秄秄稼稼	禾利秆秆秸穡穡

해설
심고 거두는 것은 백성들의 임무이니 봄에는 씨뿌려 가꾸고 가을에는 그 곡식을 거두어들이는 데 힘써야 한다.

戰戰兢兢(전전긍긍) : 매우 두려워하고 겁내는 모양.

輾轉反側(전전반측) : 누운 채로 이리 뒤척 저리 뒤척 하며 잠 못 이루는 모양을 이르는 말. 전전불매(輾轉不寐).

前程萬里(전정만리) : 앞길이 만리나 멂. 즉 나이가 젊어서 장래가 아주 유망함.

切磋琢磨(절차탁마) : 옥이나 돌 따위를 갈고 닦아 빛을 냄. 즉 학문이나 덕행을 배우고 닦음을 이르는 말.

俶	載	南	畝	**해설** 봄이 되면 비로소 농부들은 들로 나가 남쪽 양지바른 이랑부터 씨를 뿌리기 시작한다.
비로소 숙 人—8획	일할 재 車—6획	남녘 남 十—7획	이랑 묘 田—5획	
亻亻亻亻亻俶俶	十吉吉重載載	一十丙丙南南南	亠亠亩亩畝畝	
俶 俶				
載 載				
南 南				
畝 畝				

我	藝	黍	稷	**해설** 농부는 농사가 잘 되기를 빌며 정성껏 기장과 피를 심는다. 옛날 중국에서는 이 둘을 오곡의 으뜸으로 쳤다.
나 아 戈—3획	재주 예 艹—15획	기장 서 黍—0획	피 직 禾—10획	
一二千千我我我	艹艹艹蓺蓺藝	二禾禾禾黍黍黍	禾稷稷稷稷稷	
我 我				
藝 藝				
黍 黍				
稷 稷				

漸入佳境(점입가경) : 점점 재미있는 경지로 들어감.

頂門一鍼(정문일침) : 정수리에 침을 놓음. 즉 정곡을 찌르는 따끔한 충고를 이르는 말.

正心修己(정심수기) : 마음을 바르게 하고 몸을 수련함.

井底之蛙(정저지와) : 우물 안 개구리. 세상 일에 어두운 사람을 일컬음.

糟糠之妻(조강지처) : 지게미와 쌀겨를 같이 먹고 고생한 아내. 함께 고생해온 아내.

부수로 배워보는 한자 7

새(추)

갑골문 　　전문

풀이 꽁지가 짧은, 작은 새를 뜻한다. 鳥(조)는 隹에 비해 꽁지가 긴 새를 가리킨다.

[雅] 牙+隹
우아할(아)
원래는 갈가마귀를 뜻하였으나 그 배가 희고 입안 깊숙이에서 나오는 울음소리가 아름답다하여 '우아하다'란 뜻이 되었다. *우아(優雅).

[雀] 小+隹
참새(작)
작은 새라는 뜻에서 온 글자이다. *공작(孔雀).

[雄] 厷+隹
수컷(웅)
새 중에서도 발톱 힘이 강한 수컷이란 뜻이었으나 점차 모든 수컷을 일컫게 되었다. *웅장(雄壯).

실(사)

갑골문 　　전문

풀이 실 중에서도 아주 가는 실을 꼰 형태를 가리킨다. 흔히 '실 사'라 이르나 이는 사(絲)의 속자(俗字)로 쓰일 때의 경우이고, 원래의 음은 '멱'이다. 부수로 쓰이면 실의 종류나 성질, 그리고 직물에 관계가 있는 뜻을 나타낸다.

[系] 一+糸
이을(계)
糸에 한 획을 더해 손으로 실을 거는 모양을 본뜬 것으로, '실마디'란 뜻이다. 실마디는 이어진다 하여 '혈통, 계통'의 뜻도 있다. *계통(系統).

[約] 糸+勺
약속할(약)
실로 작은 매듭을 맺는다는 뜻으로, 맺는다는 데서 '약속'이란 뜻이 되었다. *약속(約束).

[紙] 糸+氏
종이(지)
씨(氏)는 나무의 뿌리가 땅으로 약간 나온 모양, 나무에서 나온 섬유질로 실같이 얽히듯 하여 만든 '종이'라는 뜻이다. *지폐(紙幣).

세숙공신 · 권상출척

稅	熟	貢	新
세금 세 禾—7획	익을 숙 火—11획	바칠 공 貝—3획	새 신 斤—9획

해설
곡식이 익으면 세금을 내었고, 햇곡식으로는 조상이나 종묘에 제사를 지내 추수가 무사히 끝났음을 고하였다.

勸	賞	黜	陟
권장할 권 力—18획	상줄 상 貝—8획	내칠 출 黑—5획	오를 척 阜—7획

해설
또한 나라에서는 농사를 잘 지은 이에게는 상을 주고, 권농 지도를 게을리한 관리는 내쫓아 농사일의 소중함을 일깨웠다.

朝令暮改(조령모개) : 아침에 내린 명령을 저녁에 바꾼다는 뜻으로, 법이나 명령을 자주 고치거나 바꾸는 일의 비유.

朝不慮夕(조불려석) : 형세가 절박하여 아침에 저녁 일을 예측하지 못함. 즉 당장의 일을 걱정할 뿐이고 앞일을 걱정할 겨를이 없다는 뜻.

朝三暮四(조삼모사) : 아침에는 세 개, 저녁에는 네 개. 곧 간사한 잔꾀로 남을 속여 희롱함.

鳥足之血(조족지혈) : 새 발의 피. 너무도 보잘것없는 적은 양의 비유.

맹가돈소 · 사어병직

孟軻敦素

| 성 맹 | 子—5획 | 맹자이름 가 | 車—5획 | 도타울 돈 | 攵—8획 | 바탕 소 | 糸—4획 |

一 了 子 舌 舌 舌 孟 孟　　一 百 車 車 車 軒 軒 軻　　一 亠 亨 亨 享 孰 孰 敦　　一 十 主 主 圥 孝 素 素 素

해설 전국 시대 성인 맹자의 이름은 가(軻)인데, 하늘로부터 받은 인간의 본심을 도탑게 하고자 하는 돈소설(敦素說)을 주장하였다.

史魚秉直

| 역사 사 | 口—2획 | 고기 어 | 魚—0획 | 잡을 병 | 禾—3획 | 곧을 직 | 目—3획 |

丨 ロ 口 史 史　　ク 各 各 鱼 鱼 魚 魚　　一 ニ 三 乒 垂 事 秉　　一 十 十 古 芦 直 直 直

해설 위(衛)나라의 태부(太傅) 사어는 매우 곧고 바른 사람으로, 어떤 일에도 정직함을 잃지 않았다.

種豆得豆(종두득두) : 콩 심은 데 콩 남. 즉 원인에는 그에 따른 결과가 온다는 말.

坐不安席(좌불안석) : 마음이 불안하여 한 자리에 오래 앉아 있지 못함.

坐井觀天(좌정관천) : 우물 속에 앉아서 하늘을 봄. 곧 견문이 좁음을 이르는 말. 정중지와(井中之蛙).

左之右之(좌지우지) : 왼쪽으로도 가고 오른쪽으로도 간다는 뜻으로, ① 제 마음대로 자유롭게 처리함. ② 남을 마음대로 지휘함.

庶幾中庸

庶	幾	中	庸
무리 서 广—8획	몇 기 幺—9획	가운데 중 丨—3획	떳떳할 용 广—8획
丶广广庐庐庶庶	丝丝丝丝丝幾幾幾	丨口口中	广广户户庐庐庸

해설) 사람이란 언제나 넘치지도 않고 모자라지도 않은 중용의 도를 지켜 행동하여야 한다.

勞謙謹勅

勞	謙	謹	勅
수고할 로 力—10획	겸손할 겸 言—10획	삼갈 근 言—11획	삼갈 칙 力—7획
丶丷丷炏炏炏勞勞	言言訂訢訦謙謙	言言訂訬謹謹	一口巾束束敕勅

해설) 이 중용의 도를 지키기 위한 노력은 언제나 필요하며 태도는 겸손하고 모든 일을 함에 있어 침착하고 조심스러워야 한다.

主客顚倒(주객전도) : 주인과 손님의 위치가 바뀌었다는 뜻으로, 사물의 경중·완급·선후 등의 위치가 서로 바뀜을 이름.

晝耕夜讀(주경야독) : 낮에는 밭을 갈고, 밤에는 글을 읽음. 곧 가난을 극복하며 열심히 공부함을 이름.

走馬加鞭(주마가편) : 달리는 말에 채찍질하기. 곧 더욱 더 잘되도록 부추기거나 몰아침.

走馬看山(주마간산) : 달리는 말 위에서 산수를 구경함. 곧 바쁘게 대충 보며 지나감.

聆音察理

해설) 남의 말은 성의 있게 들어 깊은 속마음까지 살펴야 그 이치, 즉 생각하는 바를 알 수 있다는 말이다.

聆	音	察	理
들을 령 耳—5획	소리 음 音—0획	살필 찰 宀—11획	이치 리 玉—7획
厂丆耳耴聆聆聆	丶亠立产音音音	宀宀宁宛究察察	一丁王玎珇理理

鑑貌辨色

해설) 중용을 지키는 사람은 남의 겉모습만 보아도 그 마음을 분별할 수 있다.

鑑	貌	辨	色
볼 감 金—14획	모양 모 豸—7획	분별할 변 辛—9획	빛 색 色—0획
丿𠂉午金鉅鑑鑑	⺈勹ㄢ豸豹貎貌	ﾑ亠立辛辨辨辨	丿ク夕色色色

晝夜長川(주야장천) : 밤낮으로 쉬지 않고 연달아.

酒池肉林(주지육림) : 술은 연못을 채우고 고기는 숲을 이룬다는 뜻으로, 호화스럽게 차려 놓고 흥청망청하는 술잔치를 이르는 말.

竹馬故友(죽마고우) : 죽마를 타고 놀던 벗. 곧 어릴 때 같이 놀던 친한 친구. 죽마구우(竹馬舊友).

衆寡不敵(중과부적) : 적은 수효로는 많은 수효를 막지 못한다는 말.

貽	厥	嘉	猷
끼칠 이 貝—5획	그 궐 厂—10획	아름다울 가 口—11획	옳을 유 犬—9획
ㅣㅁ目貝貽貽貽	一厂厂戸戸厥厥	士吉吉壴喜喜嘉	厶酋酋酋猷猷

해설) 사람은 누구나 모범이 될 만한 일을 하여 자손에게 길이길이 남겨야 하는데, 그러자면 항상 올바른 행동을 하여야 한다.

貽	貽	貽
厥	厥	厥
嘉	嘉	嘉
猷	猷	猷

勉	其	祗	植
힘쓸 면 力—7획	그 기 八—6획	공경 지 示—5획	심을 식 木—8획
免勉勉	一十廿甘其其	礻礻礻礽祇祗	十木木植植植

해설) 올바른 행동을 자기 몸에 익히도록 힘써야 한다. 즉 항상 과오가 없도록 조심하고 덕을 갖추도록 힘써야 한다는 뜻이다.

勉	勉	勉
其	其	其
祗	祗	祗
植	植	植

衆口難防(중구난방) : 여러 사람의 말을 이루 다 막기 어렵다는 뜻으로, 많은 사람들이 마구 떠들어대는 소리는 감당하기 어렵다는 말.

重言復言(중언부언) : 거듭 말하고 다시 말한다는 뜻으로, 한 말을 되풀이함을 이르는 말.

中庸之道(중용지도) : 극단에 치우치지 않는 평범한 속에서의 진실한 도리.

指鹿爲馬(지록위마) : 사슴을 가리켜 말이라고 함. 곧 위압적으로 어거지를 쓰거나 윗사람을 농락하여 권세를 마음대로 휘두르는 것의 비유.

성궁기계 · 총증항극

해설
지위가 높아질수록 남이 나의 잘못을 꾸짖고 타이르면 더욱 몸가짐을 조심하여 자신을 살펴야 한다.

省	躬	譏	誡
살필 성 日—4획	몸 궁 身—3획	나무랄 기 言—12획	경계 계 言—7획
丨丬丬少省省	丿丨月身身躬	言詊詊詊譏譏	言言訂詊誡誡誡

해설
윗사람의 총애를 받을수록 교만해져 남의 질투와 항거가 극도에 달할지 모르니 더욱 몸가짐을 조심해야 한다.

寵	增	抗	極
사랑받을 총 宀—16획	더할 증 土—12획	겨룰 항 手—4획	다할 극 木—9획
宀宀宇宇寵寵寵	土圫圷圸增增	一十扌扩扩抗	木朾朾朾柯極極

支離滅裂(지리멸렬) : 갈갈이 찢기고 흩어져 갈피를 잡을 수 없게 됨.

至誠感天(지성감천) : 정성이 갸륵하면 하늘도 감동함. 곧 지극한 정성으로 어려운 일도 이루어지고 풀림.

知彼知己(지피지기) : 적의 사정과 자기의 사정을 잘 앎.

指呼之間(지호지간) : 손짓하여 부를 만한 가까운 거리.

盡善盡美(진선진미) : 더할 수 없이 훌륭함.

殆辱近恥

해설) 또한 윗사람의 총애를 받는다 하여 혹 방심하다 위태로워지면 치욕을 면치 못할 경우도 있으니 항상 겸손하여야 한다.

| 위태할 태 | 歹—5획 | 욕될 욕 | 辰—3획 | 가까울 근 | 辶—4획 | 부끄러울 치 | 心—6획 |

林皐幸卽

해설) 혹 치욕스러운 일을 당하게 되면 사양하고 물러나 자연 속으로 은둔하여 한가롭게 지내는 것이 나을 것이다.

| 수풀 림 | 木—4획 | 언덕 고 | 白—6획 | 다행 행 | 干—5획 | 곧 즉 | 卩—7획 |

陳善閉邪(진선폐사) : 착한 것을 알리고 나쁜 것을 없앰.

進退兩難(진퇴양난) : 앞으로 나아갈 수도 물러설 수도 없는 어려운 궁지에 빠짐. 진퇴유곡(進退維谷).

[ㅊ]

且問且答(차문차답) : 한편 묻고 한편 대답함.

此日彼日(차일피일) : 이 날이다 저 날이다 하는 식으로 약속이나 기한 따위를 미적미적 미루는 모양을 이르는 말.

양소견기 · 해조수핍

兩疏見機

두 량 入—6획	성 소 疋—6획	볼 견 見—0획	기회 기 木—12획
一 冂 币 币 兩 兩	丁 了 疋 庇 疏 疏	丨 冂 冂 日 日 見	木 朴 桦 桦 樵 機 機

해설) 한나라 성제(成帝) 때 소광(疏廣)과 소수(疏受)는 태자를 가르쳤던 국사(國師)로, 때를 알아 스스로 물러난 사람들이었다.

解組誰逼

풀 해 角—6획	짤 조 糸—5획	누구 수 言—8획	핍박할 핍 辶—9획
^ 角 角 角 解 解	幺 幺 糸 糸 組 組 組	言 訂 訂 詐 誰 誰 誰	口 吊 吊 畐 畐 逼 逼

해설) 벼슬 이름을 새긴 도장에 달린 끈을 풀고 돌아가니 그 누가 그들을 핍박할 수 있으리오.

創業守成(창업수성) : 창업은 나라를 세우거나 사업을 일으킴을 말하고, 수성은 그 이룩된 것을 지키고 유지함을 말함.

册床退物(책상퇴물) : 책상 물림. 글 공부만 하여 산 지식이 없고 세상 물정에 어두운 사람을 이르는 말.

處世之術(처세지술) : 세상을 살아가는 꾀.

天高馬肥(천고마비) : 하늘을 높고 말은 살찐다는 뜻으로, 가을이 썩 좋은 절기임을 이르는 말.

색거한처 · 침묵적료

索居閑處

찾을 색 糸—4획	살 거 尸—5획	한가할 한 門—4획	곳 처 虍—5획
一十卉击索索索	乛尸尸尸居居居	ㅣ ㄇ ㄇ' 門門閑閑	ㄧ 广 卢 庐 庐 處處

해설) 벼슬에서 물러나면 한가로운 곳을 찾아 자연을 벗 삼아서 조용히 살아가야 한다.

索 索
居 居
閑 閑
處 處

沈默寂寥

고요할 침 水—4획	잠잠할 묵 黑—4획	고요할 적 宀—8획	고요할 료 宀—11획
丶ミシシ 沂沙沈	口口甲里黑默默	宀宀宀宋宋宋寂寂	宀宀宀宋宋寒寥

해설) 세상의 번뇌를 피해 자연으로 돌아와 조용히 사노라면 마음 또한 고요하도다.

沈 沈
默 默
寂 寂
寥 寥

千金買骨(천금매골) : 천금을 주고 죽은 말의 뼈를 삼. 곧 걸출한 인재를 구하려면 정성을 다해야 한다는 말.

千金然諾(천금연낙) : 천금과 같이 소중한 허락.

千慮一得(천려일득) : 어리석은 사람의 생각도 많은 생각 가운데에는 간혹 좋은 생각이 있다는 말.

千慮一失(천려일실) : 아무리 슬기로운 사람일지라도 많은 생각 가운데에는 한 가지쯤은 실책이 있게 마련이라는 말.

구고심론·산려소요

求古尋論

해설 또한 옛 성현들의 글에서 진리를 구하고 그 마땅한 도리를 찾아 토론하고 연구하여야 한다.

구할 구 水—2획	옛 고 口—2획	찾을 심 寸—9획	의논할 론 言—8획
一十寸寸求求求	一十十古古	ㄱㅋㅋ尹彗彗尋	言論論論論論論

散慮逍遙

해설 마음 속의 번뇌망상을 다 흩어 버리면 달인(達人)의 경지에 도달하여 유유자적 거닐 수도 있다.

흩어질 산 攵—8획	생각 려 心—11획	노닐 소 辶—7획	멀 요 辶—10획
一廿廿昔背背散	ㅏ广卢卢唐慮慮	一十小肖肖肖逍	ㄱ夕夕夅备謠遙

天方地軸(천방지축) : ① 매우 급해서 허둥대며 덤벙거리는 모습. ② 어리석은 사람이 갈 바를 몰라 날뛰는 모습.

天生緣分(천생연분) : 하늘이 배필로 맺어준 남녀간의 인연.

千辛萬苦(천신만고) : 마음과 몸을 온 가지로 수고롭게 하고 애씀.

天涯地角(천애지각) : 하늘의 끝과 땅의 모퉁이라는 뜻으로, 썩 먼곳을 일컫는 말.

天壤之判(천양지판) : 아주 큰 차이.

欣奏累遣

기쁠 흔 欠—4획	아뢸 주 大—6획	여러 루 糸—5획	보낼 견 辵—10획
´ ⺁ ⺁ ⺁ 欣欣	二 丰 夫 表 奏 奏 奏	丨 冂 田 甲 累 累 累	一 中 屮 皀 皀 書 遣

해설) 세상을 살면서 번거롭고 귀찮은 일들을 보내버린다면 기쁘고 즐거운 일들이 모여든다.

感謝歡招

슬플 척 心—11획	물러갈 사 言—10획	기쁠 환 欠—18획	부를 초 手—5획
厂 厂 匚 戚 戚 感 感	言 訁 訓 謝 謝 謝 謝	⺧ 芇 芇 華 雚 歡 歡	一 ナ 扌 扣 扣 招 招

해설) 위와 같이 행하면 마음 속의 슬픔은 어느덧 사라지고 즐거움은 부르듯이 찾아온다.

天佑神助(천우신조) : 하늘과 신령의 도움.

天衣無縫(천의무봉) : 천사의 옷은 꿰맨 흔적이 없음. 곧 기교의 흔적이 없이 자연스럽게 정리된 시문(詩文)이나 서화(書畵)를 일컫는 말.

天載一遇(천재일우) : 천 년에 한 번 만날 수 있는 기회. 곧 좀처럼 만나기 힘든 기회를 이르는 말.

天災地變(천재지변) : 하늘의 재앙과 땅의 변동.

天眞爛漫(천진난만) : 꾸밈이나 거짓이 없이 천성이 그대로 나타남.

渠荷的歷

해설 개천에 만발한 연꽃은 향기 또한 그윽하여 그 아름다움이 어느 것에도 비길 데가 없다.

개천 거 水—9획	연꽃 하 艹—7획	밝을 적 白—3획	역력할 력 止—12획
氵氵氵渠渠渠渠	艹艹艹芢荷荷	亻亻白白的的	厂厍歷歷歷歷

園莽抽條

해설 집 뒤의 동산에는 풀들이 무성하여 추조, 즉 초목의 작은 가지들이 사방으로 쭉쭉 뻗어 있다.

동산 원 囗—10획	풀 망 艹—8획	빼낼 추 手—5획	가지 조 木—7획
冂門周園園園園	艹艹艹莽莽莽	扌扌扌抽抽抽	亻亻仦修修條條

千篇一律(천편일률) : 많은 사물이 변화가 없이 모두 엇비슷한 현상을 이르는 말.

徹頭徹尾(철두철미) : 머리에서 꼬리까지 철저함. 즉 처음부터 끝까지 투철함을 뜻함.

鐵面皮(철면피) : 쇠로 낯가죽을 하였다는 뜻으로, 얼굴색 하나 변하지 않고 아무에게나 아첨을 일삼는 파렴치한 인간을 이르는 말.

徹天之恨(철천지한) : 하늘에 사무치는 크나큰 원한.

靑雲之志(청운지지) : 출세하려는 큰 꿈.

枇杷晚翠

| 나무 비 木—4획 | 나무 파 木—4획 | 늦을 만 日—7획 | 푸를 취 羽—8획 |

해설) 비파나무는 그다지 아름답지는 않지만 늦게까지 그 푸르름을 지니고 있어 곧은 절개를 상징하기도 한다.

비파만취 · 오동조조

梧桐早凋

| 오동 오 木—7획 | 오동 동 木—6획 | 이를 조 日—2획 | 시들 조 冫—8획 |

해설) 오동나무는 그 잎이 크고 무성하지만 비파나무와 반대로 일찍 시들어 말라 버린다.

青出於藍(청출어람) : 푸른색은 쪽풀에서 뽑아냈지만 쪽빛보다 더 푸르다는 뜻으로, 제자가 스승보다 더 뛰어남을 이르는 말.

草露人生(초로인생) : 풀 끝에 맺힌 이슬 같은 인생이란 뜻으로, 덧없는 인생을 이름.

草綠同色(초록동색) : 풀의 푸르름은 서로 같은 빛임. 곧 같은 처지나 같은 무리의 사람들끼리 어울린다는 뜻.

焦眉之急(초미지급) : 눈썹에 불이 붙는 화급함. 즉 매우 다급한 일이나 경우를 이르는 말.

부수로 배워보는 한자 8

갑골문 전문

풀이 여자가 두 손을 얌전히 포개고 무릎을 꿇고 앉아 있는 모습을 본뜬 글자이다. 부수로 쓰여 여자의 심리 상태나 여성적인 사물을 나타낼 때 쓴다.

[妃] 女+己
왕비(비)

己(기)는 뱀이 몸을 구부리고 있는 것을 본뜬 것인데, 고대 중국에서는 비를 내리게 하는 신으로 숭상하였다 한다. 옛날에는 비의 신을 섬기는 여성이 왕비였으므로 女와 만나 왕비를 나타내게 되었다. *왕비(王妃).

[姑] 女+古
시어미(고)

오래된(古) 여자라는 뜻에서 시어머니를 가리킨다. *고부(姑婦).

*자전(字典)을 살펴보면 妨害(방해), 妄靈(망령), 嫉妬(질투) 奴婢(노비) 등 부정적인 뜻의 한자에 女가 들어간 경우를 많이 볼 수 있다. 이는 물론 사라져야 할 편견이지만, 과거의 여성에 대한 인식을 엿볼 수 있다.

갑골문 전문

풀이 今+土+ㆍㆍ=金. 흙 속에 파묻혀 있는 금속을 나타낸다. 부수로 쓰여 금속의 종류나 성질, 금속으로 만든 것을 나타내는 글자를 만든다.

[釣] 金+勺
낚시(조)

勺(작)은 물건을 떠내는 국자를 그린 것이다. 釣는 '떠내다'의 뜻을 가지며, 물속에서 고기를 낚아올리는 '낚시'라는 뜻을 갖게 되었다. *조어(釣魚).

[銘] 金+名
새길(명)

철판이나 석판에 사람의 이름을 새긴다는 데서 '기록하다'란 뜻이 되었다. *명심(銘心).

[錢] 金+戔
돈(전)

戔(전)은 얇게 만들다란 뜻이다. 금속을 얇게 만들어 돈을 만들었으므로 이러한 뜻이 되었다. *전주(錢主).

陳根委翳

해설) 시든 나무의 뿌리는 오래 내버려 두면 저절로 말라 죽어 버린다.

오랠 진 阜—8획	뿌리 근 木—6획	맡길 위 女—5획	가릴 예 羽—11획
陳	根	委	翳

落葉飄颻

해설) 또한 가을이 되면 나뭇잎은 가지에서 떨어져 바람에 나부낀다.

떨어질 락 艹—9획	잎사귀 엽 艹—9획	날릴 표 風—11획	날릴 요 風—10획
落	葉	飄	颻

初志一貫(초지일관) : 처음 먹은 마음을 끝까지 밀고 나감.

寸鐵殺人(촌철살인) : 한 치의 칼로 능히 사람을 죽임. 문장·의논(議論) 등에 말을 많이 쓰지 않고 요령이 있음을 평하는 말. 즉 간결한 말과 글로 사람의 마음을 찔러 감동시킴을 이름.

春雉自鳴(춘치자명) : 봄 꿩이 스스로 운다는 말로, 시키거나 요구하지 않아도 자기 스스로 하는 것을 일컬음.

忠言逆耳(충언역이) : 충고의 말은 귀에 거슬림.

遊鵾獨運

遊	鵾	獨	運
놀 유 辵—9획	고니 곤 鳥—8획	홀로 독 犬—13획	움직일 운 辵—9획

해설) 곤은 지조를 상징하는 하얀 고니가 한가로이 창공을 홀로 나는 모습을 그린 것이다.

凌摩絳霄

凌	摩	絳	霄
업신여길 릉 冫—8획	미칠 마 手—11획	붉을 강 糸—6획	하늘 소 雨—7획

해설) 고니가 햇살을 받으며 유유히 나는 모습은 너무 아름다워 아침해가 뜰 때의 붉은 동쪽 하늘보다도 돋보인다.

取捨選擇(취사선택) : 취할 것은 취하고 버릴 것은 버려서 골라잡아 선택함.

醉生夢死(취생몽사) : 술에 취한 듯, 꿈을 꾸듯 이룬 일 없이 헛되게 생애를 보냄.

惻隱之心(측은지심) : 측은히 여기는 마음.

層層侍下(층층시하) : 부모·조부모가 다 살아 있어, 이들을 모시는 사람.

七顚八起(칠전팔기) : 일곱 번 넘어지고 여덟 번 일어남. 곧 여러 번의 실패에도 굽히지 않고 재기하여 분투함을 이름.

탐독완시 · 우목낭상

耽 讀 翫 市

| 즐길 탐 耳—4획 | 읽을 독 言—15획 | 구경할 완 羽—9획 | 시장 시 巾—2획 |

해)설
후한 때의 왕충(王充)은 책을 좋아하였으나 살 수 없을 정도로 가난하여 낙양의 시장 안에 있는 서점 앞에 서서 책을 읽었다.

寓 目 囊 箱

| 붙일 우 宀—9획 | 눈 목 目—0획 | 주머니 낭 口—19획 | 상자 상 竹—9획 |

해)설
왕충은 워낙 총명하여 글을 한 번 읽으면 잊지 아니하여 마치 주머니나 상자에 넣어두는 것과 같았다.

七縱七擒(칠종칠금) : 제갈공명의 전술로, 일곱 번 놓아주고 일곱 번 잡는다는 말. 자유자재로 잡았다 놓아주었다 함을 비유한 말.

針小棒大(침소봉대) : 바늘만한 것을 몽둥이만하다고 함. 곧 심하게 과장하여 말함을 비유한 말.

沈魚落雁(침어낙안) : 물고기도 숨고 기러기도 대열에서 떨어질 만한 미인.

[ㅋ]

快刀亂麻(쾌도난마) : 잘 드는 칼로 어지러운 삼 실을 자르듯 단 한번에 결단을 내림.

이유유외·속이원장

易輶攸畏

해설) 사람은 모름지기 가볍게 움직이고 쉽게 말하는 것을 두려워해야 한다.

쉬울 이 日—4획	가벼울 유 車—9획	바 유 攵—3획	두려울 외 田—4획
冂冂日月易易易	亘車車軒軒軩輶	ノ亻亻亻攸攸攸	冂冂田甲甲畏畏
易 易 易			
輶 輶 輶			
攸 攸 攸			
畏 畏 畏			

屬耳垣牆

해설) 마치 담장에 누군가 귀를 대고 있는 것같이 언제나 경솔히 말하는 것을 조심해야 한다.

붙일 속 尸—18획	귀 이 耳—0획	담 원 土—6획	담 장 爿—13획
尸尸屙屙屬屬	一丅FF耳耳	土圹圻垣垣垣	乂爿爿爿牆牆牆
屬 屬 屬			
耳 耳 耳			
垣 垣 垣			
牆 牆 牆			

快人快事(쾌인쾌사) : 쾌활한 사람의 시원한 행동.

[E]

他山之石(타산지석) : 다른 산에서 난 나쁜 돌도 자기의 구슬을 가는 데 소용이 된다는 뜻. 즉 다른 사람의 하찮은 언행일지라도 자기의 지덕을 연마하는 데 도움이 된다는 말.

卓上空論(탁상공론) : 탁자 위에서 벌이는 헛된 의논이라는 뜻으로, 실천성이 없는 허황된 이론을 이르는 말.

具膳飱飯

갖출 구 八—6획	반찬 선 肉—12획	밥 손 食—4획	밥 반 食—4획
丨冂日目具具具	月月゛胖膳膳膳	歹歹歹飠飠飠	゛゛亼飣飯飯

해설
군자는 반드시 반찬과 밥을 갖추는 예의를 차리고 식사를 해야 한다.

具	具	具					
膳	膳	膳					
飱	飱	飱					
飯	飯	飯					

適口充腸

맞을 적 辶—11획	입 구 口—0획	채울 충 儿—4획	창자 장 肉—9획
亠产产商商適	丨口口	丶亠去㐂充	月胆胆胆脟腸

해설
또한 자기 입에 맞으면 맛있게 먹고 최소한의 배고픔만 가시도록 하면 되는 것이다.

適	適	適					
口	口	口					
充	充	充					
腸	腸	腸					

彈指之間(탄지지간) : 손가락을 튀길 사이. 세월이 아주 빠름을 이름.

貪官汚吏(탐관오리) : 탐욕이 많고 깨끗하지 못한 관리.

貪財好色(탐재호색) : 재물을 탐내고 여색을 가까이함.

探花蜂蝶(탐화봉접) : 꽃을 찾아다니는 벌과 나비. 곧 여색을 좋아하는 사람의 비유.

太剛則折(태강즉절) : 너무 세거나 빳빳하면 꺾어지기가 쉬움.

포어팽재 · 기염조강

飽	飫	烹	宰
배부를 포 食—5획	배부를 어 食—4획	삶을 팽 火—7획	고기저밀 재 宀—7획
ㄱㄅ今食飠飽飽	ㄱㄅ今食飠飫	亠古亨亨亨烹烹	宀宍宍宰宰宰

해설) 배가 부르면 아무리 좋은 음식도 그 맛을 모른다. 팽재란 삶은 고기에 갖은 양념을 한 것으로 진수성찬을 말한다.

飽	飽	飽
飫	飫	飫
烹	烹	烹
宰	宰	宰

飢	厭	糟	糠
배고플 기 食—2획	마음에찰 염 厂—12획	술찌게미 조 米—11획	겨 강 米—11획
ㄱㄅ今食飠飢	厂厃厃厭厭厭	丷半米米糟糟糟	丷米米糠糠糠糠

해설) 이와 반대로 배가 고플 때는 술찌게미나 쌀겨라도 맛이 있는 법이다.

飢	飢	飢
厭	厭	厭
糟	糟	糟
糠	糠	糠

泰嶺雲峯(태령운봉) : 험하고 높은 고개와 구름을 이고 있는 산봉우리.

泰山鳴動(태산명동) : 크게 시끄럽게 구는 것이 알고 보니 별것이 아니었다는 뜻.

泰山北斗(태산북두) : 태산과 북두칠성을 여러 사람이 우러러보는 것처럼 남에게 존경을 받는 뛰어난 존재.

泰然自若(태연자약) : 마음에 어떤 충동을 받을 만한 일이 있어도 침착하여 조금도 마음의 동요가 없는 모양.

親戚故舊

친할 친 見—9획	겨레 척 戈—7획	연고 고 攵—5획	옛 구 臼—12획
立辛亲釒親親親	厂厂厅戚戚戚戚	一十十古古古故故	艹芢苜萑舊舊舊

해설

가까운 일가나 옛 친구는 서로 가깝게 지내야 한다. 친(親)은 아버지 쪽의 일가를, 척(戚)은 어머니 쪽의 일가를 말한다.

老少異糧

늙을 로 老—0획	어릴 소 小—1획	다를 이 田—6획	양식 량 米—12획
一十土耂耂老	丨小小少	口田田田界異異	丷半米籵粕糧糧

해설

노인과 소년의 음식은 달라야 한다. 노인은 소화가 잘 되는 음식을, 소년은 발육에 좋은 음식을 먹어야 한다.

太平聖代(태평성대) : 어질고 현명한 임금이 다스리는 태평한 세상.

太平烟月(태평연월) : 태평하고 안락한 세월.

兎死狗烹(토사구팽) : 토끼를 다 잡고 나면 사냥개를 삶음. 곧 필요할 때에는 소중히 여기다가 그 일이 끝나면 천대하고 없애 버린다는 의미로 쓰이는 말.

吐哺握髮(토포악발) : 먹던 것을 뱉어내고 머리를 틀어줌. 곧 어진 선비를 구하기 위해 애씀을 이르는 말.

친척고구 · 노소이량

妾御績紡

妾	御	績	紡
첩 첩 女—5획	아내 어 彳—8획	길쌈 적 糸—11획	길쌈 방 糸—4획
丶丶丶立幸妾妾	彳彳彳彳徉徉御御	幺糸紀績績績	幺幺糸糸紗紡紡

해설
아내가 해야 할 일은 누에를 쳐서 실을 짜 가족들에게 옷을 지어 입히는 일이다.

侍巾帷房

侍	巾	帷	房
모실 시 人—6획	수건 건 巾—0획	장막 유 巾—8획	방 방 戶—4획
彳彳彳佳佳侍侍	丨冂巾	冂巾帅帄帷帷帷	丶丶戶戶房房

해설
또한 아내는 외출에서 돌아온 남편이 씻는 동안 수건을 들고 기다렸다가, 휘장이 늘어진 안방으로 편안히 모신다.

投鼠忌器(투서기기) : 그릇을 던져 쥐를 잡으려 해도 그릇이 깨질까 꺼림. 곧 밉긴 하지만 큰 일을 그르칠까 염려되어 제거하지 못함을 이르는 말.

投筆從戎(투필종융) : 시대가 필요로 할 때는 문필을 버리고 군인이 되어서 나라를 지킨다는 말.

[ㅍ]

波瀾重疊(파란중첩) : 어떤 일에 변화와 난관이 복잡하게 겹침.

환선원결 · 은촉위황

해설
방안에는 둥글고 아름다운 환선이라 불리는 부채가 놓여 있다. 깁은 명주실로 거칠게 짠 비단을 일컫는다.

紈	扇	圓	潔
깁 환 糸-3획	부채 선 戶-6획	둥글 원 囗-10획	맑을 결 水-12획
幺 乡 糸 紅 紈 紈	戶 戶 戶 扇 扇 扇	冂 冂 冋 冋 冋 圓 圓	氵 氵 氵 氵 潔 潔

해설
또 은촛대에서 번지는 불길로 방안이 휘황찬란하다. 환선과 은촉은 중국 가정에서 흔히 볼 수 있는 가재도구이다.

銀	燭	煒	煌
은 은 金-6획	촛불 촉 火-13획	빛날 위 火-9획	빛날 황 火-9획
스 숲 金 釒 銀 銀	火 火 炉 燭 燭 燭	火 火 炉 炉 煒 煒	火 火 炉 炉 煌 煌

破邪顯正(파사현정) : 잘못된 것을 깨고 바른 것을 드러냄.

破顏大笑(파안대소) : 얼굴 표정을 누그러뜨리며 크게 웃음.

破竹之勢(파죽지세) : 대나무를 쪼개는 기세라는 뜻으로, 세력이 강대하여 큰 적을 거침없이 물리치고 쳐들어가는 기세를 이르는 말.

破天荒(파천황) : 천지 개벽 이전의 혼돈상태를 깨뜨림. 곧 지금까지 아무도 생각하지 못했던 놀랄 만한 큰 일을 해낸 경우를 이름.

주면석매 · 남순상상

晝	眠	夕	寐
낮 주 日—7획	잘 면 目—5획	저녁 석 夕—0획	잘 매 宀—9획
一 十 圭 圭 書 書 晝	丨 冂 日 旷 眄 眠 眠	ノ ク 夕	宀 宀 宀 宀 寐 寐 寐

해설) 낮에는 잠깐 졸고 저녁에는 깊은 잠을 잔다. 즉 태평스럽고 안정된 생활을 일컫는다.

藍	筍	象	床
쪽 람 艸—14획	대순 순 竹—6획	코끼리 상 豕—5획	상 상 广—4획
艹 艹 萨 萨 藍 藍	ノ ノ ド ド 竹 筍 筍	ノ ハ 丹 丹 多 争 象 象	丶 广 广 庁 床 床

해설) 쪽빛 나는 대쪽을 엮어 만든 자리와 상아로 만든 아름다운 침상에서 지낸다. 즉 이 또한 부족함이 없는 태평세월을 뜻한다.

八等身(팔등신) : 몸의 생김새가 신장과 머리의 길이의 비가 8:1이 되어 균형이 잡힌 사람. 흔히 미인의 표준으로 삼음.

敗家亡身(패가망신) : 가산을 다 써서 없애고 몸을 망침.

敗軍之將(패군지장) : 싸움에 패한 장수. 한번 크게 실수한 사람은 그 일에 대해 이러쿵저러쿵 할 자격이 없다는 말.

敗將無言(패장무언) : 전쟁에서 진 장수는 할 말이 없음.

絃歌酒讌

| 줄 현 糸—5획 | 노래 가 欠—10획 | 술 주 酉—3획 | 잔치 연 言—16획 |

해설) 손님을 청해 거문고를 타고 노래와 술로 흥겨운 잔치를 벌인다.

接杯擧觴

| 이을 접 手—8획 | 잔 배 木—4획 | 들 거 手—14획 | 잔 상 角—11획 |

해설) 술잔이 오가며 잔치가 무르익고, 또한 술잔을 들어 태평성대를 노래한다.

平沙落雁(평사낙안) : 평평한 모래밭에 내려앉는 기러기. 즉 산세(山勢)·글씨·여인 등의 아름다움의 비유.

平地風波(평지풍파) : 고요한 땅에 바람과 물결을 일으킨다는 뜻으로, 뜻밖에 분쟁이 일어남을 비유해 이르는 말.

肺腑之言(폐부지언) : 가슴에서 우러나오는 진실된 말.

弊衣破冠(폐의파관) : 해진 옷과 부서진 갓. 즉 너절하고 구차한 차림새.

부수로 배워보는 한자 9

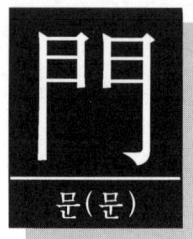

갑골문 門　　전문 門

풀이 두 개의 문짝을 닫아놓은 모양을 본뜬 것이다. 문의 한 짝을 떼어내면 戶(집 호)가 된다. 門이 부수가 되어 문의 여러 종류나 상태에 관한 글자를 만든다.

[閉] 門＋才
닫을(폐)
문에 빗장이 질러져 있는 모양을 가리켜 문이 닫힌 상태를 이른다. *폐쇄(閉鎖).
才(재)는 材(재)와 통하여 나무로 만든 목재를 가리키기도 한다.

[間] 門＋日
사이(간)
옛 글자는 閒(한). 달(月)빛이 문틈으로 새어들어온다는 데서 '사이, 틈'의 뜻이 되었다. *시간(時間).

[閑] 門＋木
한가할(한)
문에 나무를 질러 출입을 못하게 하니 '한가하다'는 뜻이다. *한가(閑暇).

전문

풀이 길게 잘 자란 머릿결을 본뜬 것이다. 부수로 쓰여 '무늬, 빛깔, 꾸미다'란 뜻을 가진다.

[形] 开＋彡
형상(형)
开(형)은 일정한 형태의 틀을 나타내며, 彡은 무늬나 채색의 뜻을 나타낸다. 둘이 합쳐져 형상이나 모양의 뜻이 되었다. *형상(形象).

[彩] 采＋彡
채색(채)
털 붓으로 여러 가지 빛깔을 아름답게 채색한 무늬를 뜻한다. *彩色(채색).

[彫] 周＋彡
새길(조)
周(주)는 '두루, 널리'의 뜻인데 장식으로 새긴 것이 두루 잘 베풀어졌다는 뜻이다. *조각(彫刻).

矯手頓足

해설
흥취가 도도하니 손을 들고 발을 굴리면서 춤을 춘다.

들 교 矢—12획	손 수 手—0획	두드릴 돈 頁—4획	발 족 足—0획
矯	手	頓	足

悅豫且康

해설
이처럼 술 마시고 노래 부르고 춤을 추니 기쁘고 즐겁고, 또한 사는 것이 편안하기 그지없다.

기쁠 열 心—7획	미리 예 豕—9획	또 차 —4획	편안할 강 广—8획
悅	豫	且	康

抱關擊柝(포관격탁) : 문지기와 야경꾼. 하찮은 벼슬자리의 비유.
抱腹絶倒(포복절도) : 배를 잡고 몸을 가누지 못할 정도로 웃음.
飽食煖衣(포식난의) : 배불리 먹고 따뜻한 옷을 입음. 곧 편안한 생활을 이름.
抱炭希凉(포탄희량) : 숯을 껴안고 시원하기를 바람. 곧 희망 없는 일을 이름.
表裏不同(표리부동) : 마음이 음흉맞아서 겉과 속이 다름.

적후사속 · 제사증상

嫡後嗣續

맏이 적 女—11획	뒤 후 彳—6획	이을 사 口—10획	이을 속 糸—15획
人女女女'妳婍嫡	彳彳彳彳移後後	吊吊吊吊嗣嗣嗣	幺糸糸糸紵繪繪續

해설
적실(嫡室), 즉 맏아들은 부모의 대(代)를 이어받아 가정을 번성하도록 이끌어야 한다.

祭祀蒸嘗

제사 제 示—6획	제사 사 示—3획	찔 증 艸—10획	맛볼 상 口—11획
ク夕奴祭祭祭祭	二千斤示祀祀	艹艹芊芋茏蒸蒸	丷尚堂堂嘗嘗

해설
맏아들은 부모가 돌아가시면 조상의 제사를 모셔야 한다. 증(蒸)은 겨울에 올리는 제사, 상(嘗)은 가을에 올리는 제사이다.

風飛雹散(풍비박산) : 바람에 날리고 우박처럼 흩어짐. 곧 사방으로 날아서 흩어짐을 비유한 말.

風樹之嘆(풍수지탄) : 바람을 맞고 있는 나무의 탄식. 곧 효도를 다하지 못하고 어버이를 여읜 자식의 슬픔을 이르는 말.

風月主人(풍월주인) : 맑은 바람과 밝은 달 따위의 자연을 즐기는 사람을 이르는 말.

風前燈火(풍전등화) : 바람 앞에 등불처럼 매우 위급한 상황에 놓여 있음을 가리키는 말.

계상재배 · 송구공황

稽顙再拜

해설) 제사를 지낼 때에는 이마를 조아려 조상에게 두 번 절한다.

稽	顙	再	拜
조아릴 계 禾—10획	이마 상 頁—10획	두번 재 冂—4획	절 배 手—5획
ノニチ禾 秒稽稽	ソソ玄桑 顙顙顙	一一一一一再再	ノニ三手 手拜拜拜

悚懼恐惶

해설) 또한 제사를 지낼 때에는 송구스럽고 엄숙한 자세로 정성스레 추모하여야 한다.

悚	懼	恐	惶
두려울 송 心—7획	두려울 구 心—18획	두려울 공 心—6획	두려울 황 心—9획

風餐露宿(풍찬노숙) : 바람과 이슬을 무릅쓰고 한데에서 먹고 잔다는 뜻으로, 큰 뜻을 이루려는 사람이 겪는 고초를 말함.

風打浪打(풍타낭타) : 바람이 부는 대로 물결이 이는 대로란 뜻으로, 일정한 주장 없이 그저 대세에 따라 행동함의 비유.

皮骨相接(피골상접) : 살가죽과 뼈가 서로 맞닿을 정도로 몹시 마름.

匹馬單騎(필마단기) : 혼자 한 필의 말을 타고 감.

牋牒簡要

해설) 편지를 쓸 때에는 꼭 해야 할 말만 간략하게 하는 것이 중요하다.

牋 편지 전 片—8획	牒 편지 첩 片—9획	簡 간략할 간 竹—12획	要 중요할 요 襾—3획

顧答審詳

해설) 웃어른께 대답할 때에는 다시 한 번 생각해 보고 자세히 살펴 겸손한 태도로 말한다.

顧 돌아볼 고 頁—12획	答 대답 답 竹—6획	審 살필 심 宀—12획	詳 자세할 상 言—6획

匹夫之勇(필부지용) : 소인이 깊은 생각 없이 혈기만 믿고 내는 용기.

匹夫匹婦(필부필부) : 평범한 남자와 여자. 보통 사람.

必有曲折(필유곡절) : 반드시 여러 까닭이 있음.

[ㅎ]

下剋上(하극상) : (어떤 조직체에서) 계급이나 신분이 아래인 사람이 부당한 방법으로 윗사람을 꺾어 누르거나 없애는 일.

何待明年(하대명년) : 기다리기가 매우 지루함.

骸垢想浴

해설
사람은 몸이 깨끗해야만 마음도 단정한 법이니, 몸에 때가 있으면 목욕을 하면 된다.

뼈 해 骨—6획	때 구 土—6획	생각할 상 心—9획	목욕할 욕 水—7획
骨骨骨骨骸骸	土圹圹垢垢垢	木利相相相想想	氵汀汐沂浴浴浴

執熱願涼

해설
부주의하여 뜨거운 것을 잡았을 때에는 얼른 찬물이나 서늘한 물건으로 식혀야 한다.

잡을 집 土—8획	뜨거울 열 火—11획	원할 원 頁—10획	서늘할 량 水—8획
土古幸剌執執	土夫幸剌執熱熱	厂厉原原願願願	氵汀沪沪涼涼涼

下馬評(하마평) : 관리의 이동이나 임명 등에 관한 세간의 풍설.

下石上臺(하석상대) : 아랫돌을 뽑아 윗돌을 괴고 윗돌을 뽑아 아랫돌 괴기. 곧 임시변통으로 이리저리 둘러 맞춤.

鶴首苦待(학수고대) : 학의 목처럼 길게 늘여 기대한다는 뜻으로, 곧 몹시 고대함을 의미.

漢江投石(한강투석) : 한강에 돌 던지기. 곧 지나치게 미미하여 전혀 효과가 없음을 비유하는 말.

해설
우리 생활과 밀접한 가축, 즉 나귀와 노새와 송아지를 말한다. 노새는 수나귀와 암말과의 사이에서 난 변종(變種)이다.

驢	騾	犢	特
나귀 려 馬—16획	노새 라 馬—11획	송아지 독 牛—15획	숫소 특 牛—6획

해설
가축들이 무언가를 보고 놀라서 뛰기도 하고, 우리를 뛰어넘어 들을 향해 달리기도 한다.

駭	躍	超	驤
놀랄 해 馬—6획	뛸 약 足—14획	뛰어넘을 초 走—5획	달릴 양 馬—17획

汗馬之勞(한마지로) : 말을 달려 땀을 흘려 싸운 공로.

汗牛充棟(한우충동) : 실으면 소가 땀을 흘리고, 쌓으면 집 안의 대들보에 찰 정도로 많음. 곧 썩 많은 장서(藏書)를 가리키는 말.

閑中眞味(한중진미) : 한가로운 가운데 깃드는 참다운 맛.

旱天甘雨(한천감우) : 가무는 날씨에 단비.

緘口無言(함구무언) : 입을 다물고 아무런 말이 없음.

해설
사람을 해치거나 남의 물건을 훔친 사람은 목을 베어 처벌한다.

誅	斬	賊	盜
벨 주 言—6획	벨 참 斤—7획	해칠 적 貝—6획	훔칠 도 皿—7획
言言訁訐訐誅誅	亘亘車斬斬斬	貝貯賊賊賊賊	⺀氵汸汷次盜盜

해설
또 반란을 일으킨다거나 죄를 짓고 도망치는 사람은 잡아들여 벌을 내린다.

捕	獲	叛	亡
잡을 포 手—7획	얻을 획 犬—14획	배반할 반 又—7획	도망할 망 亠—1획
扌扌扩扞捁捕捕	犭犭犭犭犷犷獲	⺀亠半半叛叛	丶亠亡

含憤蓄怨(함분축원) : 분함을 머금고 원망을 쌓음.

陷之死地(함지사지) : 아주 위험한 곳에 빠짐.

含哺鼓腹(함포고복) : 배불리 먹고 배를 두들기며 즐김.

咸興差使(함흥차사) : 함흥에 보낸 사신이라는 뜻으로, 심부름 간 사람이 돌아오지 않거나 소식이 없음을 이름.

恒茶飯事(항다반사) : 예사로운 일. 언제나 있는 일.

포사요환·혜금완소

布 射 遼 丸

베 포 巾—2획	쏠 사 寸—7획	이름 료 辶—12획	둥글 환 丿—2획
ノナ才布布	丿冂月身身射射	大尤亣夵尞尞遼	丿九丸

해설
후한 말의 여포(呂布)는 활을 잘 쏘았고, 전국 시대의 웅의료(熊宜遼)는 포환 던지기를 잘해 각각 싸움에서 이길 수 있었다.

嵇 琴 阮 嘯

성 혜 山—9획	거문고 금 玉—8획	성 완 阜—4획	휘파람 소 口—12획
一二千千禾秘嵇	一二千王玨珡琴琴	丨阝阝阝阝阮	口卩卩卩卩嘯嘯

해설
죽림칠현(竹林七賢)의 한 사람인 혜강은 거문고를 잘 탔으며, 완적은 휘파람을 잘 불었다.

偕老同穴(해로동혈) : 부부가 함께 늙고 죽어서는 한곳에 묻힌다는 뜻으로, 생사를 같이하는 부부의 사랑의 맹세를 가리킴.

解語之花(해어지화) : 말을 아는 꽃. 곧 미인을 일컫는 말. 당태종이 양귀비를 비유한 말.

虛心坦懷(허심탄회) : 마음 속의 사념을 없애고 품은 생각을 털어놓음.

虛張聲勢(허장성세) : 실속없이 헛소문과 허세만 떠벌림.

虛虛實實(허허실실) : 허실의 계책을 써서 싸움.

해설
유명한 발명가 넷이 있었으니, 진나라의 몽염(蒙恬)은 토끼털로 붓을 처음 만들었고, 후한의 채륜(蔡倫)은 종이를 발명하였다.

恬	筆	倫	紙
편안할 염 心—6획	붓 필 竹—6획	인륜 륜 人—8획	종이 지 糸—4획
忄忄忄忄恬恬恬	⺮⺮竹竹笋笋筆筆	亻亻伶伶伶倫倫	幺幺糸糸糽紅紙紙

해설
또 한나라의 마균(馬鈞)은 지남거(指南車)라는 교묘한 수레를 만들었고, 전국 시대의 임공자(任公子)는 낚시를 발명하였다.

鈞	巧	任	釣
무거울 균 金—4획	교묘할 교 工—2획	성 임 人—4획	낚시 조 金—3획
亼冬全金釣鈞鈞	一丅工巧巧	亻亻仁仟任任	亼冬全金釣釣

軒軒丈夫(헌헌장부) : 외모가 준수하고 쾌활한 남자.
賢母良妻(현모양처) : 자식에게는 어진 어머니이고, 남편에게는 착한 아내임.
懸河之辯(현하지변) : 거침없이 잘하는 말.
孑孑單身(혈혈단신) : 아주 외로운 홀몸.
螢雪之功(형설지공) : 중국 진(晋)나라의 차윤이 반딧불로 글을 읽고, 손강이 눈(雪) 빛으로 글을 읽었다는 고사에서 온 말. 곧 고생하면서 공부해 얻은 보람.

석분이속 · 병개가묘

釋紛利俗

풀 석 采—13획	어지러울 분 糸—4획	이로울 리 刀—5획	세속 속 人—7획
´ 乎 乑 罙 釆 罙 罙 罙 釋釋釋	´ ´ 幺 糸 紛紛紛	´ 二 千 禾 禾 利利	´ ´ ´ ´ ´ 俗俗

해설) 이 여덟 사람은 재주를 다하여 어리석은 백성들의 근심을 풀어 주고 인간생활을 이롭게 하였다.

並皆佳妙

아우를 병 一—7획	다 개 白—4획	아름다울 가 人—6획	묘할 묘 女—4획
´ ´ ´ ´ ´ 並並	´ ´ ´ ´ 皆皆皆	´ ´ ´ ´ ´ ´ 佳佳	´ 女 女 如 奶 妙妙

해설) 여포, 웅의료, 혜강, 완적, 몽염, 채륜, 마균, 임공자 이들은 모두 아름답고 묘한 재주로 세상을 이롭게 한 사람들이다.

形影相弔(형영상조) : 자기의 몸과 그림자가 서로 불쌍히 여긴다는 뜻으로, 몹시 외로움을 이르는 말.

兄友弟恭(형우제공) : 형제간에 서로 우애를 다함.

狐假虎威(호가호위) : 여우가 호랑이의 위세를 빌림. 곧 남의 권세를 빌려 위세를 부리는 것을 말함.

浩茫無涯(호망무애) : 넓고 아득하여 그 끝이 없음.

毛施淑姿

| 털 모 毛—0획 | 베풀 시 方—5획 | 맑을 숙 水—8획 | 모양 자 女—6획 |

해설) 월나라 왕 구천(句踐)의 여인들이었던 모장(毛嬌)과 서시(西施)는 모두 절세가인이었다.

工嚬姸笑

| 공교할 공 工—0획 | 찡그릴 빈 口—16획 | 고울 연 女—6획 | 웃을 소 竹—4획 |

해설) 특히 서시는 찡그리는 모습조차 아름다워 흉내낼 수 없거늘, 그 웃는 모습은 얼마나 곱겠는가.

虎尾難放(호미난방) : 위험한 일에 손을 댔다가 이러지도 저러지도 못하는 어려운 경우를 비유한 말.

毫髮不動(호발부동) : 조금도 움직이지 아니함.

虎父犬子(호부견자) : 아버지는 훌륭하나 자식은 그에 따르지 못함을 비유.

好事多魔(호사다마) : 좋은 일에는 방해가 되는 일이 많음.

虎死留皮(호사유피) : 호랑이는 죽어서 가죽을 남긴다는 뜻.

年矢每催

해 년 干—3획	화살 시 矢—0획	매양 매 毋—3획	재촉할 최 人—11획
丿𠂉乍年	丿𠂉乍矢	𠂉乍每每每	亻仁仁仁伴催催

해설) 세월은 나는 화살처럼 빠르니, 이 빠른 세월은 항상 다음해를 재촉한다.

羲暉朗曜

복희 희 羊—11획	빛날 휘 日—9획	밝을 랑 月—7획	빛날 요 日—14획
丶丷羊𦍌義羲	日旷旷盽睁暉暉	丶ㅋ 艮 即 朗 朗 朗	日旷旷睁睁曜曜

해설) 동녘 하늘의 아침 햇살은 밝게 빛나 온 세상을 비추어 준다.

虎視眈眈(호시탐탐) : 호랑이가 날카로운 눈초리로 먹이를 노리고 있는 것을 나타낸 말로, 틈만 있으면 덮치려고 기회를 노리며 형세를 엿봄을 이르는 말.

豪言壯談(호언장담) : 분수에 맞지 않는 말을 의기양양하게 큰소리쳐서 떠들어댐.

浩然之氣(호연지기) : 천기간에 충만해 있는 바른 원기라는 뜻으로, ① 공명정대하여 조금도 부끄러울 것이 없는 용기, ② 사물에서 해방되어 자유롭고 즐거운 마음을 이르는 말.

璇璣懸斡

| 구슬 선 玉—11획 | 구슬 기 玉—12획 | 매달 현 心—16획 | 돌 알 斗—10획 |

해설) 선기란 구슬로 만든 혼천의(渾天儀)로, 옛날 중국 천문학자들은 이것을 공중에 매달아놓고 천체의 움직임을 관측하였다.

晦魄環照

| 그믐 회 日—7획 | 넋 백 鬼—5획 | 고리 환 玉—13획 | 비칠 조 火—9획 |

해설) 그믐이 되면 달은 이지러져 어두워졌다가 보름이 되면 다시 둥글어져 밝은 빛을 세상에 비춘다.

胡蝶之夢(호접지몽) : 중국의 장자(莊子)가 꿈에 나비가 되어 즐겁게 놀았다는 고사에서 나온 말로, 꿈의 뜻으로 쓰임.

惑世誣民(혹세무민) : 사람들을 어리석게 만들고 세상을 어지럽힘.

惑於後妻(혹어후처) : 후처에게 반해 빠져 버림.

魂飛魄散(혼비백산) : 몹시 놀라서 어쩔 줄을 몰라함.

昏定晨省(혼정신성) : 아침 저녁으로 부모의 안부를 묻고 지성으로 돌봐 드림.

부수로 배워보는 한자 10

말(마)

갑골문 전문

풀이) 말의 모습을 본뜬 글자이다. 부수로 쓰여 말과 관계된 여러 가지 뜻을 나타낸다.

[駐] 馬＋主
머무를(주)

土(주)는 접시 위에 불꽃이 타오르고 있는 모양이다. 여기에서 일정 기간 머무르다, 혹은 일정 기간 동안 머무르면서 책임을 지는 사람, '주인'의 뜻이 되었다. 馬와 만나서 수레가 멈추어 '기다리다, 일정 기간 체재한다'는 뜻이 되었다. *주차(駐車).

[驛] 馬＋睪
정거장(역)

옛날에 먼곳으로 연락을 취할 때 말을 갈아탈 수 있도록 한 역참이란 뜻이었다. 오늘날에는 정거장의 뜻으로 쓰인다. *역참(驛站).

[驅] 馬＋區
달릴(구)

말을 일정한 구역으로 몰아 달리게 한다는 데서 '몰다, 달리다'란 뜻이다. *구보(驅步).

불(화)

갑골문 전문

풀이) 타오르는 불길을 본뜬 것이다. 글자의 아랫부분에 쓰일 때에는 그 형태가 灬로 변하게 된다.

[炎] 火＋火
불꽃(염)

불이 활활 타오르는 모양을 나타내어 '불꽃, 덥다'란 뜻으로 쓰인다. *염천(炎天).

[然] 肉(夕)＋犬＋火(灬)
그럴, 불탈(연)

개고기를 먹기 위해 불에 태우는 모습이다. 일반적으로 개고기를 먹는 나라는 우리나라뿐이며, 더구나 불에 그을려 먹는 것은 우리나라 특유의 조리법으로 알려져 왔는데 고대 중국에서도 사실은 개고기를 불에 태워 먹었던 모양이다. 원래는 불태우다란 뜻이었는데 어조사로 많이 쓰이면서 '불탈 연'은 따로 글자를 만들었다(燃). 20여 년 전 서울 시내의 큰 호텔에서 화재가 있었는데, 그 호텔 이름이 '대연각(大然閣)!' 크게 불타는 집이란 뜻이니, 어찌 화재가 없을 수 있었으랴. 모름지기 한자의 뜻은 정확히 알고 쓸 일이다.

指 薪 修 祐

해설) 섶이 불에 타는 것과 같은 정열로 착한 일을 열심히 하면 복을 얻을 수 있게 된다.

가리킬 지 手—6획	섶 신 艸—13획	닦을 수 人—8획	복 우 示—5획
一十扌扩指指指	艹芓荢荢薪薪薪	亻亻伫修修修修	亠彳礻衤衤祐祐

指 / 薪 / 修 / 祐

永 綏 吉 邵

해설) 그리하면 그 편안함이 영원할 것이고, 반드시 좋은 일만 생기게 될 것이다.

길 영 水—1획	편안할 수 糸—7획	좋을 길 口—3획	높을 소 邑—5획
丶j 方永	纟糸糸紅紵綏綏	一十士吉吉吉	フカア召召邵邵

永 / 綏 / 吉 / 邵

忽往忽來(홀왕홀래) : 홀연히 가고 홀연히 옴.
忽地風波(홀지풍파) : 갑자기 이는 풍파.
忽顯忽沒(홀현홀몰) : 문득 나타났다 홀연히 없어짐.
紅爐點雪(홍로점설) : 큰 일을 함에 있어서 힘이 미약하여 아무런 보람을 얻을 수 없음을 비유한 말.
紅一點(홍일점) : 여럿 가운데 돋보이는 하나라는 뜻으로, 많은 남자들 틈에 오직 하나뿐인 여자를 이르는 말.

矩步引領

법 구 矢—5획	걸음 보 止—3획	끌 인 弓—1획	고개 령 頁—5획
厂矢矢知知矩矩矩	丨 ト ㅏ 止 止 步 步	丁 弓 引	𠆢 亽 今 令 𩙿 領 領 領

해설
법도에 맞게 조심해서 걷고 고개 숙여 반듯하게 걷는 모습으로, 임금 앞에서 신하가 가져야 할 몸가짐을 일컫는다.

俯仰廊廟

머리숙일 부 人—8획	우러를 앙 人—4획	행랑 랑 广—10획	사당 묘 广—12획
亻 亻 俨 俨 俯 俯 俯	亻 亻 化 们 仰	广 广 广 庐 庐 廊 廊	广 广 广 庐 庐 廟 廟

해설
낭묘, 즉 궁전이나 사당의 복도에서 신하는 머리를 숙이고 드는 것 모두를 법도에 맞도록 해야 한다.

畫龍點睛(화룡점정) : 용을 그린 뒤 마지막으로 눈동자를 그려 넣어 그림을 완성함. 곧 어떤 사물의 가장 중요한 부분을 완성시킴을 이름.

花無十日紅(화무십일홍) : 열흘 동안 붉은 꽃이 없음. 곧 한번 성한 것은 얼마 못 가서 반드시 쇠해짐. 권불십년(權不十年).

禍福無門(화복무문) : 행복과 불행은 운명적으로 오는 것이 아니라 스스로 선행하고 악행을 함에 따라 받는다는 말.

華胥之夢(화서지몽) : 낮잠 또는 좋은 꿈.

束帶矜莊

묶을 속 木—3획	띠 대 巾—8획	자랑할 긍 矛—4획	씩씩할 장 艹—7획
一丆丆币束束	一十卅卅卅带带带	ア ヌ予矛矜矜	一十艹艹艹莊莊莊

해)설)
군자는 띠를 바로 묶는 등 의복을 단정히 갖춘 다음 자랑스럽고 씩씩한 걸음걸이로 걷는다.

束	束	束					
帶	帶	帶					
矜	矜	矜					
莊	莊	莊					

徘徊瞻眺

배회할 배 彳—8획	배회할 회 彳—6획	바라볼 첨 目—13획	볼 조 目—6획
彳彳彳彳徘徘徘	彳彳彳彳佪佪佪	目 旷 旷 旷 瞻 瞻 瞻	目 目 眇 眇 眺 眺 眺

해)설)
또한 군자는 쓸데없이 여기저기를 배회하거나, 먼 곳이나 아무데고 눈을 돌려 바라보지 아니한다.

徘	徘	徘					
佪	佪	佪					
瞻	瞻	瞻					
眺	眺	眺					

和氏之璧(화씨지벽) : 화씨의 구슬. 곧 천하의 명옥(名玉)을 이르는 말.

花容月態(화용월태) : 아름다운 여자의 고운 얼굴과 자태를 이르는 말.

畵中之餠(화중지병) : 그림의 떡. 곧 아무리 탐이 나도 차지하거나 이용할 수 없음을 비유.

華燭洞房(화촉동방) : 첫날밤에 신랑 신부가 자는 방.

換骨奪胎(환골탈태) : 딴 사람이 된 듯 용모가 훤히 트이고 아름다워짐.

孤陋寡聞

孤	陋	寡	聞
외로울 고 子—5획	더러울 루 阜—6획	적을 과 宀—11획	들을 문 耳—8획
ㄱ 了 孑 孒 孤 孤 孤	ㄱ 阝 阝 阞 陋 陋 陋	宀 宀 宇 宜 寊 寡 寡	ㄧ ㄇ 門 門 門 閂 聞

해설) 외롭게 자라 보고 들은 것이 적다. 이 글을 지은 주흥사(周興嗣) 자신을 겸손하게 말한 것이다.

愚蒙等誚

愚	蒙	等	誚
어리석을 우 心—9획	어리석을 몽 艸—10획	등급 등 竹—6획	꾸짖을 초 言—7획
曰 甲 甼 禺 禺 愚 愚	艹 芇 芇 萝 萝 蒙 蒙	ㅏ 竹 竺 笁 笁 等 等	言 訁 訁 訃 誚 誚 誚

해설) 그러므로 이 글 중에서 잘못된 곳이 있어 여러 사람의 꾸짖음을 들어도 주흥사 자신은 어리석음을 면하지 못한다는 것이다.

荒唐無稽(황당무계) : 말이 근거가 없고 허황함.
會者定離(회자정리) : 불교에서, 만난 사람은 반드시 헤어진다는 말. 곧 인생의 무상함을 이르는 말.
橫說竪說(횡설수설) : 되는 대로 지껄임.

後生可畏(후생가외) : 후배가 부지런히 학문을 닦으면 선배를 능가할 수 있으므로 후배를 두렵게 생각한다는 말.
喉舌之臣(후설지신) : 왕명 출납과 정부의 언론을 맡았던 벼슬아치.

謂語助者

해설
어조사(語助辭)는 한문의 토로서 실질적인 뜻은 없고, 말의 뜻을 뒷받침하거나 완성시키는 보조적인 역할만 한다.

謂 이를 위 言-9획	語 말씀 어 言-7획	助 도울 조 力-5획	者 사람 자 耂-5획
言訂訂訂謂謂謂	言訂訏訐語語語	ㅣ ㄇ ㅌ 且 助助	土耂耂耂者者者

焉哉乎也

해설
그중 대표적인 것이 언, 재, 호, 야이다. 무릇 사람이 학문을 닦았다면 이들을 제대로 사용하여 글을 잘 맺어야 한다.

焉 어조사 언 火-7획	哉 어조사 재 口-6획	乎 어조사 호 丿-4획	也 어조사 야 乙-2획
一下正正焉焉焉	土吉吉吉哉哉哉	ノ 丷 亚 平 乎	ㄱ 也 也

厚顔無恥(후안무치) : 뻔뻔스럽고 부끄러운 줄을 모름.

興盡悲來(흥진비래) : 즐거운 일이 다하면 슬픈 일이 닥쳐온다는 뜻으로, 세상 일이 돌고 돌아 순환됨을 가리키는 말.

喜怒哀樂(희로애락) : 기쁨과 노여움과 슬픔과 즐거움이라는 뜻으로, 사람이 가진 갖가지 감정을 이르는 말.

稀世之才(희세지재) : 세상에 드문 아주 뛰어난 인재.

우리 나라의 성씨

金	김	權	권	許	허	田	전	孔	공
李	이	黃	황	南	남	羅	나	咸	함
朴	박	宋	송	劉	유	辛	신	卞	변
崔	최	安	안	沈	심	閔	민	揚	양
鄭	정	柳	유	盧	노	兪	유	廉	염
姜	강	洪	홍	河	하	池	지	邊	변
趙	조	全	전	丁	정	陣	진	呂	려
尹	윤	高	고	成	성	嚴	엄	秋	추
張	장	孫	손	車	차	元	원	都	도
林	임	文	문	具	구	蔡	채	魯	노
韓	한	梁	양	郭	곽	千	천	石	석
吳	오	裵	배	禹	우	方	방	蘇	소
申	신	白	백	朱	주	康	강	愼	신
徐	서	曺	조	任	임	玄	현	馬	마

薛	설	印	인	史	사	景	경	菜	채
吉	길	諸	제	夫	부	千	우	燕	연
宣	선	卓	탁	程	정	彭	팽	強	강
周	주	魚	어	昔	석	尙	상	大	대
魏	위	鞠	국	太	태	眞	진	麻	마
表	표	牟	모	卜	복	夏	하	箕	기
明	명	蔣	장	睦	목	毛	모	庾	유
王	왕	殷	은	桂	계	漢	한	南宮	남궁
房	방	秦	진	杜	두	邵	소		
潘	반	片	편	智	지	韋	위	鮮于	선우
玉	옥	余	여	董	동	天	천		
奇	기	龍	용	陰	음	襄	양	諸葛	제갈
琴	금	慶	경	溫	온	濂	염		
陸	육	立	립	邢	형	連	연	獨孤	독고
孟	맹	奉	봉	章	장	伊	이		

각종 서식

우편엽서

보내는 사람 京畿道 高陽市
城石洞 三次番地
李 貞 愛

[4][1][1]-[5][7][0]

받는 사람 서울特別市 江東區
明日洞 12의 305 番地
李 恩 庚

[1][3][4]-[0][1][7]

매월 말일은 편지 쓰는 날입니다.

---

[3][2][3]-[8][0][0]

忠清南道 扶餘郡 扶餘邑 雙北里 548 番地
柳 禎 恩

[1][0][0]-[1][9][3]

서울特別市 中區 乙支路 3街 93-3
李 永 浩 貴下

❖ 성명 아래 쓰는 칭호 ❖		女 史	여사 : 결혼한 여자를 높여 일컫는 말.
貴 下	귀하 : 상대방을 높이기 위하여 상대방의 이름 밑에 붙여 쓰는 말.	仁 兄	인형 : 친구 사이에 서로 상대방을 높여 일컫는 말.
貴 中	귀중 : 기관이나 단체 이름 밑에 써서 상대편을 높이는 말.	君, 孃	군[양] : 손아랫사람이나 친한 친구 사이에 쓰는 말.
座 下	좌하 : 상대방을 높이기 위하여 상대방의 이름 밑에 붙여 쓰는 말.	卽 見	즉견 : 손아랫사람에게 쓰는 말.
先 生	선생 : 성명이나 직명(職名) 따위의 아래에 쓰여 그를 높이는 말.	氏	씨 : 남의 이름 아래 쓰여, 존경의 뜻을 나타내는 말.

※ 엷게 처리된 글씨 위에 직접 써봅시다.

祝 結 婚

李 在 哲

賻 儀

曺 奎 日

❖ 길흉사 및 증품시의 용어 ❖			발전 : 일의 성공을 빌 때 쓰는 말.
壽宴	수연 : 환갑을 축하할 때 쓰는 말.		합격 : 채용이나 자격 시험 등에 급제함을 축하할 때 쓰는 말.
古稀宴	고희연 : 일흔 살인 해의 생일 잔치.	寸 志	촌지 : 자기의 선물을 겸손하게 일컫는 말.
榮 轉	영전 : 지금까지보다 더 좋은 자리나 지위로 옮길 때 쓰는 말.	粗 品	조품 : 남에게 선물 따위를 보낼 때에 쓰는 겸사의 말.
當 選	당선 : 선거나 심사에서 뽑힌 것을 축하할 때 쓰는 말.	謹 弔	근조 : 남의 죽음에 대하여 애도의 뜻을 표할 때 쓰는 말.

請求書

一金七萬五阡원整
　　　　　₩ 75,000

上記 代金을 商業書藝 어린이
敎本 五拾卷 값으로 請求함.

　　　　　1999年 1月 20日

서울市 城北區 長位洞 66-6
　　　正進出版社

韓城書籍 貴中

領收證

一金參拾八萬원整
　　　　　₩ 380,000

上記 金額을 模造紙 15連
代金으로 正히 領收함.

　　　　　1999年 2月 10日

서울市 瑞草區 瑞草洞 93-1
　　　太一紙業社

正進出版社 貴中

受領證

品目: 日本語 컽닢닉 參百部

上記 書籍을 正히
受領함.

　　　　　1999年 2月 5日

　　　東邦書林

敎育硏究社 貴中

借用證

一金貳百萬원整
　　　　　₩ 2,000,000—

上記 金額을 借用 하며 利息은
月 2부로 하고 反濟期限은 2000
年 2月末 까지로 함.

　　　　　1999年 1月 5日

서울市 鐘路區 昌信1洞 153
　　　　朴榮辰

金相完 貴下

자 기 소 개 서

朴 慧 珉

忠淸南道 舒川의 한 작은 農家였던 저의 집안은 그리 넉넉한 편은 아니었으나 嚴格하면서도 理解心이 많으신 부모님의 슬하에서 올바로 家庭敎育을 받으며 저희 1男 2女는 구김살 없이 成長하였습니다.

長女인 제가 아버지의 손재주를 이어 받았는지 어려서 부터 글씨와 그림 그리기를 잘해 주위 어른들로 부터 칭찬을 자주듣곤 했습니다.

그래서 高1때 美術을 專攻하기로 마음을 정하고 授業이 끝난후 美術室에 남아 늦게까지 練習에 몰두하기도 하였습니다.

제 素質을 꼭 살려보고 싶었지만 자는 넉넉하지 못한 生活에 우리 兄弟들을 위해 苦生하시는 부모님의 걱정을 조금이라도 덜어드리기 위해 學費를 벌어 다닐수 있는 夜間大學에 進學하기로 決心 하였습니다.

이제 卒業과 함께 學校라는 울타리를 벗어나 社會의 一員으로 參與할 때 입니다.

入社가 許諾 되자면 健實한 職場人 으로서 人生觀이 確固한 社會人 으로서 꼭 必要한 사람이 되기 위해 열심히 끊임없이 努力 하겠습니다

▶자기소개서를 요구하는 이유
○ 성장 과정을 알기 위하여
○ 지망 동기를 알기 위하여
○ 장래 희망을 알기 위하여
○ 문장력과 필체를 보기 위하여

▶자기소개서 작성시 주의할 점
○ 면접할 때 다시 질문을 받으므로 과장되거나 거짓된 내용은 피한다.
○ 과다한 수사법이나 너무 추상적인 표현은 피한다.
○ 밝고 긍정적인 인생관으로 자신을 소개한다.

이 력 서

사 진	성 명	趙 鎭 永 인	주민등록번호 810525 - 2457211
	생년월일 서기 1981년 5월 25일생 (만 17세)			

주 소	서울 特別市 冠岳區 新林 10 洞 310 番地		
호적관계	호주와의 관계	三 女	호주성명 趙 仁 洙

년	월	일	학 력 및 경 력 사 항	발 령 청
1993	3	2	內德 國民學校 卒業	
1996	2	15	明星 女子中學校 卒業	
1996	3	2	淸州 女子 商業高等學校 入學	
1999	2	13	上記校 卒業 豫定	
			特 技 事 項	
1997	9	17	워드프로세서 2級 合格	商工會議所
1998	4	6	日本語 能力試驗 3級 合格	國際交流基金
1998	8	8	깨끗이 檢定 2級 合格	大韓글씨檢定 敎育會
			上記와 如히 相違 없음	
			1999 年 2 月 20 日	
			趙 鎭 永	

교육용 기초한자 1800자

ㄱ

가	家 佳 街 可 歌 加 價 假 架 暇
각	各 角 脚 閣 却 覺 刻
간	干 間 看 刊 肝 幹 簡 姦 懇
갈	渴
감	甘 減 感 敢 監 鑑
갑	甲
강	江 降 講 强 康 剛 鋼 綱
개	改 皆 個 開 介 慨 概 蓋
객	客
갱	更
거	去 巨 居 車 擧 距 拒 據
건	建 乾 件 健
걸	傑
검	檢 劍 儉
게	憩
격	格 擊 激
견	犬 見 堅 肩 絹 遣
결	決 結 潔 缺
겸	兼 謙
경	京 景 輕 經 庚 耕 敬 驚 慶 競 竟 境 鏡 頃 傾 硬 警 徑 卿
계	癸 季 界 計 溪 鷄 系 係 戒 械 繼 契 桂 啓 階
고	古 故 固 苦 考 高 告 枯 姑 庫 孤 鼓 稿 顧
곡	谷 曲 穀 哭
곤	困 坤
골	骨
공	工 功 空 共 公 孔 供 恭 攻 恐 貢
과	果 課 科 過 戈 瓜 誇 寡
곽	郭
관	官 觀 關 館 管 貫 慣 冠 寬
광	光 廣 鑛
괘	掛
괴	塊 愧 怪 壞

교	交 校 橋 敎 郊 較 巧 矯
구	九 口 求 救 究 久 具 俱 區 驅 鷗 苟 句 舊 拘 狗 丘 懼 龜 構 球
국	國 菊 局
군	君 郡 軍 群
굴	屈
궁	弓 宮 窮
권	卷 權 勸 券 拳
궐	厥
귀	貴 歸 鬼
규	叫 規 閨
균	均 菌
극	極 克 劇
근	近 勤 根 斤 僅 謹
금	金 今 禁 錦 禽 琴
급	及 給 急 級
긍	肯
기	己 記 起 其 期 基 氣 技 幾 旣 紀 忌 旗 欺 奇 騎 寄 豈 棄 祈 企 畿 飢 器 機
긴	緊
길	吉

ㄴ

나	那
낙	諾
난	暖 難
남	南 男
납	納
낭	娘
내	內 乃 奈 耐
녀	女
년	年
념	念
녕	寧
노	怒 奴 努

농	農 濃
뇌	腦 惱
능	能
니	泥

ㄷ

다	多 茶
단	丹 但 單 短 端 旦 段 壇 檀 斷 團
달	達
담	談 淡 潭 擔
답	答 畓 踏
당	堂 當 唐 糖 黨
대	大 代 待 對 帶 臺 貸 隊
덕	德
도	刀 到 度 道 島 徒 都 圖 倒 挑 桃 跳 逃 渡 陶 途 稻 導 盜
독	讀 獨 毒 督 篤
돈	豚 敦
돌	突
동	同 洞 童 冬 東 動 銅 桐 凍
두	斗 豆 頭
둔	鈍
득	得
등	等 登 燈

ㄹ

라	羅
락	落 樂 洛 絡
란	卵 亂 蘭 欄 爛
람	覽 藍 濫
랑	浪 郎 朗 廊
래	來
랭	冷
략	略 掠
량	良 兩 量 涼 梁 糧 諒
려	旅 麗 慮 勵
력	力 歷 曆
련	連 練 鍊 憐 聯 戀 蓮
렬	列 烈 裂 劣

렴	廉
령	令 領 嶺 零 靈
례	例 禮
로	路 露 老 勞 爐
록	綠 祿 錄 鹿
론	論
롱	弄
뢰	雷 賴
료	料 了
룡	龍
루	屢 樓 累 淚 漏
류	柳 留 流 類
륙	六 陸
륜	倫 輪
률	律 栗 率
륭	隆
릉	陵
리	里 理 利 梨 李 吏 離 裏 履
린	隣
림	林 臨
립	立

ㅁ

마	馬 麻 磨
막	莫 幕 漠
만	萬 晚 滿 慢 漫 蠻
말	末
망	亡 忙 忘 望 茫 妄 罔
매	每 買 賣 妹 梅 埋 媒
맥	麥 脈
맹	孟 猛 盟 盲
면	免 勉 面 眠 綿
멸	滅
명	名 命 明 鳴 銘 冥
모	母 毛 暮 某 謀 模 矛 貌 募 慕
목	木 目 牧 沐 睦
몰	沒
몽	夢 蒙
묘	卯 妙 苗 廟 墓
무	戊 茂 武 務 無 舞 貿 霧

묵	墨 默
문	門 問 聞 文
물	勿 物
미	米 未 味 美 尾 迷 微 眉
민	民 敏 憫
밀	密 蜜

ㅂ

박	泊 拍 迫 朴 博 薄
반	反 飯 半 般 盤 班 返 叛
발	發 拔 髮
방	方 房 防 放 訪 芳 傍 妨 倣 邦
배	拜 杯 倍 培 配 排 輩 背
백	白 百 伯 栢
번	番 煩 繁 飜
벌	伐 罰
범	凡 犯 範 汎
법	法
벽	壁 碧
변	變 辯 辨 邊
별	別
병	丙 病 兵 竝 屛
보	保 步 報 普 譜 補 寶
복	福 伏 服 復 腹 複 卜
본	本
봉	奉 逢 峯 蜂 封 鳳
부	夫 扶 父 富 部 婦 付 符 附 府 腐 負 否 浮 副 簿 膚 赴 賦
북	北
분	分 紛 粉 奔 墳 憤 奮
불	不 佛 弗 拂
붕	朋 崩
비	比 非 悲 飛 鼻 備 批 卑 婢 碑 妃 肥 祕 費
빈	貧 賓 頻
빙	冰 聘

ㅅ

사	四 巳 士 仕 寺 史 射 謝 師 死 斜 詐 社 司 詞 蛇 捨 邪 賜 使 舍 沙 似 查 私 絲 思 事 寫 辭 斯 祀
삭	削 朔
산	山 產 散 算 酸
살	殺
삼	三 森
상	上 尙 常 賞 商 相 嘗 裳 詳 祥 床 象 霜 想 傷 喪 像 桑 狀 償
쌍	雙
새	塞
색	色 索
생	生
서	西 序 書 暑 敍 徐 庶 恕 署 緒
석	石 夕 昔 惜 席 析 釋
선	先 仙 線 鮮 善 船 宣 旋 禪 選
설	雪 說 設 舌
섭	涉
성	姓 性 成 城 誠 盛 省 星 聖 聲
세	世 洗 稅 細 勢 歲
소	小 少 所 消 素 笑 召 昭 蘇 騷 燒 訴 掃 疏 蔬
속	俗 速 續 束 粟 屬
손	孫 損
송	松 送 頌 訟 誦
쇄	刷 鎖
쇠	衰
수	水 手 受 授 首 守 囚 需 帥 殊 隨 輸 收 誰 須 雖 愁 樹 獸 睡 遂 壽 數 修 秀
숙	叔 淑 宿 孰 熟 肅
순	順 純 旬 殉 盾 循 脣 瞬 巡
술	戌 述 術
숭	崇
습	習 拾 濕 襲
승	乘 承 勝 升 昇 僧
시	市 示 是 時 詩 視 矢 侍 施 試 始
씨	氏
식	食 式 植 識 息 飾
신	身 申 神 臣 信 辛 伸 晨 愼 新
실	失 室 實
심	心 甚 深 尋 審

| 십 | 十 |

ㅇ

아	兒 我 牙 芽 雅 亞 阿 餓
악	惡 岳
안	安 案 顔 眼 岸 雁
알	謁
암	暗 巖
압	壓
앙	仰 央 殃
애	愛 哀 涯
액	厄 額
야	也 夜 野 耶
약	弱 若 約 藥
양	羊 洋 養 揚 陽 讓 壤 樣 楊
어	魚 漁 於 語 御
억	億 憶 抑
언	言 焉
엄	嚴
업	業
여	余 餘 如 汝 與 予 輿
역	亦 易 逆 譯 驛 役 疫 域
연	然 煙 研 硯 延 燃 燕 沿 鉛 宴 軟 演 緣
열	熱 悅
염	炎 染 鹽
엽	葉
영	永 英 迎 榮 泳 詠 營 影 映
예	藝 豫 譽 銳
오	五 吾 悟 午 誤 烏 汚 嗚 娛 梧 傲
옥	玉 屋 獄
온	溫
옹	翁
와	瓦 臥
완	完 緩
왈	曰
왕	王 往
외	外 畏
요	要 腰 搖 遙 謠
욕	欲 浴 慾 辱
용	用 勇 容 庸
우	于 宇 右 牛 友 雨 羽 郵 愚 偶 優 憂 又 尤 遇
운	云 雲 運 韻
웅	雄
원	元 原 願 遠 園 怨 員 源 援 院 圓
월	月 越
위	位 危 爲 偉 威 胃 謂 圍 緯 衛 違 委 慰 僞
유	由 油 酉 有 猶 唯 幽 惟 維 乳 儒 裕 遊 柔 遺 幼 誘 愈 悠
육	肉 育
윤	閏 潤
은	恩 銀 隱
을	乙
음	音 吟 飮 陰 淫
읍	邑 泣
응	應
의	衣 依 義 議 矣 醫 宜 儀 疑 意
이	二 貳 以 已 耳 而 夷 異 移
익	益 翼
인	人 引 仁 因 忍 認 刃 姻 寅 印
일	一 日 壹 逸
임	壬 任
입	入

ㅈ

자	子 字 自 者 姉 慈 玆 雌 紫 資 姿 恣 刺
작	作 昨 酌 爵
잔	殘
잠	潛 蠶 暫
잡	雜
장	長 章 場 將 壯 丈 張 帳 莊 裝 獎 墻 葬 粧 掌 藏 臟 障 腸
재	才 材 財 在 栽 再 災 裁 載 哉
쟁	爭
저	著 貯 低 底 抵
적	的 赤 適 敵 笛 滴 摘 寂 籍 賊 跡 蹟 積 績

전	田 全 典 前 展 戰 專 轉 電 錢 傳
절	節 絕 切 折
점	店 占 點 漸
접	接 蝶
정	丁 頂 停 井 正 政 亭 訂 廷 程 征 整 定 貞 精 情 靜 淨 庭
제	弟 第 祭 帝 題 除 提 堤 制 際 齊 濟 諸 製
조	兆 早 造 鳥 調 朝 弔 燥 操 照 條 潮 助 祖 租 組
족	足 族
존	存 尊
졸	卒 拙
종	宗 種 鍾 終 從 縱
좌	左 坐 佐 座
죄	罪
주	主 注 住 朱 宙 走 舟 周 株 州 洲 柱 酒 晝
죽	竹
준	準 俊 遵
중	中 重 衆 仲
즉	卽
증	曾 增 證 憎 贈 症 蒸
지	只 支 枝 止 之 知 池 誌 智 遲 地 指 志 至 紙 持
직	直 職 織
진	辰 眞 進 盡 振 鎭 陣 陳 珍
질	質 秩 疾 姪
집	集 執
징	徵 懲

ㅊ

차	且 次 此 借 差
착	着 錯 捉
찬	贊 讚
찰	察
참	參 慘 慙
창	昌 唱 窓 倉 創 蒼 滄 暢
채	菜 採 彩 債
책	責 冊 策

처	妻 處 悽
척	尺 斥 拓 戚
천	千 天 川 泉 淺 賤 踐 遷 薦
철	鐵 哲 徹
첨	尖 添
첩	妾
청	靑 淸 晴 請 聽 廳
체	體 替
초	初 草 招 肖 超 抄 礎
촉	促 燭 觸
촌	寸 村
총	銃 總 聰
최	最 催
추	秋 追 推 抽 醜
축	丑 祝 畜 蓄 築 逐 縮
춘	春
출	出
충	充 忠 蟲 衝
취	取 吹 就 臭 醉 趣
측	側 測
층	層
치	治 致 齒 値 置 恥 稚
칙	則
친	親
칠	七 漆
침	針 侵 浸 寢 沈 枕
칭	稱

ㅋ

쾌	快

ㅌ

타	他 打 妥 墮
탁	濁 托 濯 琢
탄	炭 歎 彈
탈	脫 奪
탐	探 貪
탑	塔
탕	湯

태	太 泰 怠 殆 態		혁	革
택	宅 澤 擇		현	現 賢 玄 弦 絃 縣 懸 顯
토	土 吐 兔 討		혈	血 穴
통	通 統 痛		협	協 脅
퇴	退		형	兄 刑 形 亨 螢
투	投 透 鬪		혜	惠 慧 兮
특	特		호	戶 乎 呼 好 虎 號 互 胡 浩 毫 豪 護 湖

ㅍ

파	破 波 派 播 罷 頗
판	判 板 販 版
팔	八
패	貝 敗
편	片 便 篇 編 遍
평	平 評
폐	閉 肺 廢 弊 蔽 幣
포	布 抱 包 胞 飽 浦 捕
폭	暴 爆 幅
표	表 票 標 漂
품	品
풍	風 楓 豊
피	皮 彼 疲 被 避
필	必 匹 筆 畢

혹	或 惑
혼	婚 混 昏 魂
홀	忽
홍	紅 洪 弘 鴻
화	火 化 花 貨 和 話 禾 禍 畵 華
확	確 穫 擴
환	歡 患 丸 換 環 還
활	活
황	黃 皇 況 荒
회	回 會 灰 悔 懷
획	獲 劃
횡	橫
효	孝 效 曉
후	後 厚 侯 候 喉
훈	訓
훼	毀
휘	揮 輝
휴	休 携
흉	凶 胸
흑	黑
흡	吸
흥	興
희	希 喜 稀 噫 熙 戲

ㅎ

하	下 夏 賀 何 河 荷
학	學 鶴
한	閑 寒 恨 限 韓 漢 旱 汗
할	割
함	咸 含 陷
합	合
항	恒 巷 港 項 抗 航
해	害 海 亥 解 奚 該
핵	核
행	行 幸
향	向 香 鄕 響 享
허	虛 許
헌	軒 憲 獻
험	險 驗